贵州省高校人文社会科学研究项目资助（选题编号 2023GZGXRW094），
"社会治理共同体视域下青少年体育治理研究"。

社会治理共同体视域下
青少年体育治理研究

黄巨朋　著

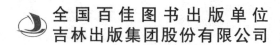

全国百佳图书出版单位
吉林出版集团股份有限公司

图书在版编目（CIP）数据

社会治理共同体视域下青少年体育治理研究 / 黄巨朋著. -- 长春：吉林出版集团股份有限公司，2024.4
ISBN 978-7-5731-5021-9

Ⅰ. ①社… Ⅱ. ①黄… Ⅲ. ①青少年－体育工作－研究－中国 Ⅳ. ①G812.45

中国国家版本馆 CIP 数据核字（2024）第 095131 号

社会治理共同体视域下青少年体育治理研究

SHEHUI ZHILI GONGTONGTI SHIYU XIA QINGSHAONIAN TIYU ZHILI YANJIU

著　　者：黄巨朋

责任编辑：沈丽娟

技术编辑：王会莲

封面设计：豫燕川

开　　本：787mm×1092mm　1/16

字　　数：176 千字

印　　张：9.5

版　　次：2025 年 1 月第 1 版

印　　次：2025 年 1 月第 1 次印刷

出　　版：吉林出版集团股份有限公司

发　　行：吉林出版集团外语教育有限公司

地　　址：长春市福祉大路 5788 号龙腾国际大厦 B 座 7 层

电　　话：总编办：0431－81629929

印　　刷：吉林省创美堂印刷有限公司

ISBN 978-7-5731-5021-9　　　　定价：56.00 元

自　序

　　青少年的体质健康问题是一个老生常谈的话题，小到家庭、社会各界，大到国家都非常关注青少年的身心健康。近些年来已有不少学者针对青少年体质健康问题进行了探讨研究，国家也先后出台了多个关于促进青少年体质健康的政策文件和指导性意见，但青少年的体质健康问题仍未得到有效缓解。笔者作为一名一线的体育教师，对青少年体质健康水平下降有着切身的感受，在正常的体育课程教学过程中经常有学生晕倒，女同学情况尤为明显。在体质健康测试过程中，男同学的引体向上项目和女同学的仰卧起坐项目测试结果达标的人数寥寥无几，中长跑项目更是很多青少年的"噩梦"。当然，青少年体质健康的问题并不只是学校体育教学的问题，家庭思想观念、社会环境等等都是造成青少年体质下降的因素之一。因此提升青少年身心健康需要体育教师、家庭、社会、学校、政府等各方面的力量共同努力，通过政策引导、营造社会氛围、转变家庭观念等多种路径对青少年形成"合围之势"，经过长期坚持，不懈努力逐步提升青少年的身心健康水平。

　　笔者自小从事运动训练，深知体育锻炼对身体健康的重要性。它不仅能够提升身心健康水平，还是一种行之有效的社交工具。体育确实能够给我们的身体、工作和生活带来多种益处，所以笔者衷心希望广大的青少年以及大众能够积极地参与体育运动并坚持下去。

　　体育治理在体育领域算是一个新兴的研究范畴，关于体育治理的研究文献、案例并不多。我国已有学者对于青少年体育治理进行了研究，笔者认为社会治理共同体的治理理论可以为青少年的体育治理提供理论基础，青少年体育治理也需要政府、学校、家庭、社会等多方主体共同参与、协同治理，只有构建青少年体育治理的共同体，才能更有效、更全方位地做好青少年体育治理工作。

　　本书在前人研究的基础上做了一些关于青少年体育治理的理论研究工作，但苦于能力有限，研究成果中还存在一些不足，许多观点未必完全正确，并且在研究的过程中留下了越来越多的问题，还需要体育研究者未来继续完善和发展。因而，本书中研究的不足之处，敬请专家学者们提出批评指正意见，以便日后改进提高。

黄巨朋

2023 年 10 月于静心湖

前　言

　　少年强则国强,青少年是国家的未来和民族的希望。如今,随着社会经济发展,很多家庭的条件越来越好,每个家庭养育孩子方面的精力投入和金钱支出也越来越高,培养孩子成为一个家庭中的头等大事。物质条件好了,营养丰富了,但是青少年的身心健康却没有达到家长以及社会的预期。针对青少年身心健康水平急需增强的现状,本书在社会治理共同体治理理念下探索性地对青少年体育治理进行了研究,以期为青少年体育治理工作提出一些有价值的意见和建议。

　　本书共分为七章:第一章为导论,对本书研究内容的主要概念进行了界定,提出了本书的研究对象、内容及方法等;第二章为社会治理共同体视域下青少年体育治理发展总述,对社会治理共同体、青少年体育治理发展的总体情况进行了梳理阐述,提出了研究青少年体育治理的理论基础;第三章为学校体育治理研究,学校是培养青少年的主阵地,加强学校体育治理,树立健康第一的教育理念,积极推进体育课程改革、校园体育文化、课余训练、竞赛等治理工作,充分发挥学校作为青少年体育治理主阵地的作用;第四章为青少年体育竞赛体系治理研究,打破教体之间的竞赛壁垒,搭建四级青少年体育赛事体系,探索教体融合办赛的治理路径;第五章是高校高水平运动队治理研究,我国青少年竞技体育后备人才的培养要逐步从体育系统过渡到教育系统,加强高校高水平运动队的治理能够有效推进青少年体育人才的培养,积极探索教、体两个系统联合建队,合理规划高水平运动队招生项目;第六章为深化体校改革,完善体校体育治理体系研究。体校在我国教育和体育系统之间是一个特殊的存在,一方面要培养青少年竞技体育后备人才,为国输送高水平的青少年运动员,另一方面要兼顾青少年的文化教育学习。做好体校治理工作对于青少年体育精英人才的培养至关重要,应积极推动体校与当地中小学深度合作治理;第七章为青少年体育俱乐部治理研究,青少年体育俱乐部是学校体育、体校的重要补充,在青少年体育治理中发挥着不可忽视的作用。

在这里,特别感谢为本书的撰写提供帮助的人员,同时也对本书中所引用参考资料的作者表示衷心的感谢!

由于水平有限,本书难免有不妥乃至错误之处,恳请广大读者多多指正和赐教。

目 录

第一章 导 论

青少年是祖国的未来和希望,国家、各级政府一直关注着青少年的健康成长,并出台了一系列促进青少年健康成长的指导性意见,学术界也一直致力于促进青少年健康成长的探索性研究。据此,本书在社会治理共同理论指导下以及在前人研究的基础上,对青少年体育治理相关问题进行研究,以期为促进青少年身心健康发展做出应有的贡献。

第一节 相关概念界定

在对社会治理共同体视域下青少年体育治理进行研究之前,为了使研究主题与领域清晰,需要先对治理、共同体、社会治理、社会治理共同体、青少年体育治理等相关概念进行梳理界定。

一、治理

治理的概念最早是建立在西方公共管理理论与实践发展的基础上的,在治理的理论概念正式出现之前它仅仅是与"统治"可以互换使用的一个普通词汇[①]。20 世纪西方国家经济与社会发展等多方面遭受了公共管理危机,在这样的情况下治理理论逐渐开始兴起。1989 年,世界银行第一次提出"治理危机",此后治理理论综合了政治学、经济学、社会学等学科领域快速发展成为一个专门的、特殊的新领域,标志着治理理论的正式出现。到 1992 年,联合国成立了全球治理委员会,并于 1995 年正式提出治理的概念:各种公共或者私人的机构与个人等管理共同事务的诸多

---

① 佟德志.当代西方治理理论的源流与趋势[J].人民论坛,2014(14):8—10.

方式的总和①。治理委员会提出的概念强调了除了政府、市场之外的其他机构以及个人均可参与公共管理的过程②。

二、社会治理

社会治理由学术界在西方治理理论基础上提炼而来,又是"社会管理"概念的进一步演化。随着社会经济发展,社会矛盾也随之显现,解决社会矛盾、缓解社会公共危机的要求使得社会治理理论呼之欲出。社会治理顾名思义,就是对社会进行治理,是治理对象的具体化、明确化,运用治理理论和方法解决社会发展过程中出现的政治、经济、社会以及文化等各方面的矛盾危机。"社会管理"到"社会治理"不仅仅是字面上的改变,社会管理由政府主导,实施自上而下政策引导和行政管理,它的实施主体相对单一并且具有一定强制力;而"社会治理"推动政府由"管理"角色向"服务"角色转变,突出强调治理主体的多元参与和各方利益的协调,由此来解决社会发展过程中遇到的诸多问题。

三、共同体

在社会学、政治学、经济学等多个学科领域都有共同体的概念,在不同历史时期和不同学科背景下对共同体的阐述和解释虽各有不同,但其主要的构成要素大体一致,可以总结为"价值性""群体性""实践性""目的性"③。共同体(Community)是指一群具有共同目标、价值观和利益的人或组织机构组成的社会实体。共同体的概念强调人们在共同的目标和利益下,通过合作与互动来实现个体和集体的发展,可以从五个方面来理解:第一,社会关系。共同体是由具有相互依赖关系的个体组成的社会网络,这些关系可以是亲属关系、友谊、同事、同学等。在一个共同体中,个

---

① 俞可平.治理与善治[M].北京:社会科学文献出版社,2000.
② 张胜军.全球深度治理的目标与前景[J].世界经济与政治,2013(4):55－75.
③ 张庆.新时代社会治理共同体的理论发展与实践创新研究[D].河南农业大学,2022.

体之间存在着相互支持、合作与竞争的关系。第二,共同目标。共同体的成员通常有着共同的目标或利益,这些目标可以是经济利益、政治目标、文化传承等。共同目标使得共同体成员能够团结一致,共同努力以实现这些目标。第三,价值观和文化。共同体的成员往往具有相似的价值观和文化背景,这些共同的价值观和文化为共同体提供了凝聚力,使得成员能够在共同的信仰和认同下进行合作与交流。第四,规则和制度。为了维护共同体的稳定和发展,共同体通常会制定一定的规则和制度。这些规则和制度旨在规范成员的行为,使共同体的利益得到保障。第五,资源分配。共同体会对其成员的资源进行合理分配,以满足成员的需求和发展。这种资源分配可能是物质的,如食物、住房等;也可能是非物质的,如教育、医疗等。

总之,通过合作与互动,共同体成员可以实现个体和集体的发展,维护共同体的稳定和繁荣。

四、社会治理共同体

我国进入发展新时代后,治理能力和治理体系面临着新的要求,"社会治理共同体"的产生既是时代发展的要求又是符合我国国情发展的需要。2017 年 10 月,党的十九大报告提出"打造共建共治共享的社会治理格局",其基本要求是"人人有责、人人尽责、人人参与"。社会治理共同体是指在一定区域内,政府、社会组织、企事业单位、公民等多元主体共同参与,共同维护社会秩序,共同分享社会资源,共同实现社会公平正义的一种治理模式。这种模式强调的是多元主体的参与和协作,而不是单一的政府主导或者市场决定。社会治理共同体的主要特征为:第一,多元主体参与。除了政府,还有社会组织、企事业单位、公民等多元主体参与社会治理。第二,共享资源。各主体共享社会资源,包括物质资源和非物质资源,如公共服务、公共设施等。第三,共同维护秩序。各主体共同维护社会秩序,包括公共安全、环境保护等。第四,实现社会公平正义。通过各主体的协作,实现社会资源的公平分配,保障公民的基本权利。社会治理共同体是一种以人民为中心,注重多元主体参与,共享资源,共同维护秩序,实现社会公平正义的治理模式。

五、青少年体育治理

青少年体育治理是指政府、社会组织、企事业单位等多元主体,为实现一定时期内青少年体育事务所开展的一系列公共活动的总和,具有明确的操作性和工具性①。青少年体育治理是体育管理体制的进一步深化和发展,是适应经济社会发展新常态、构建和完善中国特色社会主义体育治理体系、提高我国体育治理能力的必然要求。青少年体育治理要以政府为主导,学校、家庭、社会、体育教师等相关组织和个人为主体,所有主体相互协同,合理各主体之间的权、责、利,靶向青少年身心健康,解决青少年体育治理领域存在的问题②。

第二节　青少年体育治理研究概况

一、社会治理共同体相关研究

社会治理的相关研究由来已久,最早可追溯至"社会管理"相关研究,早期"社会管理"与"社会治理"是可以互换使用的相近词汇。那时关于社会治理的研究多是从古代社会治理经验出发,来探索如何借鉴古代治理经验来解决当今社会矛盾,该时期的社会治理理念处于萌芽状态。直到西方新公共管理理论吸引国内学者关注后,社会治理的概念逐步脱离社会管理的影子。严存生从"法治"和"公共事务"管理的角度,将"社会治理"界定为"各种社会权力机关处理各个公共事务的活动的总称③"。陈

---

① 任海.中国体育治理逻辑的转型与创新[J].体育科学,2020(7):3-13.

② 杨纪锴,李实,陈洪鑫.我国青少年体育治理共同体:框架、困境与对策[J].广州体育学院学报,2022(6):64-74.

③ 严存生.社会治理与法治[J].法学论坛,2004(6):22-30.

朝宗(2005)提出了社会治理的三种形式"政府管理、自我管理和第三部门管理①",这三种管理形式和传统政府主导的社会治理有了明显的区别。从这一时期开始,"社会治理"已不再是"社会管理"的简单替代,但这一阶段关于社会治理的相关研究仍多停留在理论探索阶段,关于社会治理研究的实践探索尚少。社会治理共同体的相关研究多集中在十九大之后,徐顽强(2020)从社会治理共同体的构成、概念上进行了研究,认为社会治理共同体在构成上是利益、价值、目标三者的统一;从概念上可分为"以国家为中心"和"以市场为中心"两种类型②。文军(2020)提出社会治理共同体不仅仅是个人与社会存在关联性,情感、价值认同等也存在关联性③。李志明(2023)认为建设社会治理共同体的核心和关键在于处理好国家与社会的关系,促进两者关系格局向"强国家－强社会"的均衡协调状态转化,建设方法在于促进各方行动主体共建共治共享,实现事业的共同建设、行动的共同治理以及成果的共同享有④。李华胤(2023)社会治理共同体的实质是将共同理念贯穿于社会治理的全过程,在塑造共同价值、共同认识、共同责任、共同目标、共同关系和共同行动的基础上推进政府与社会的共同治理,进而形成稳固的社会治理共同体⑤。当前学者不仅对社会治理共同体进行了诸多的系统研究,而且不断尝试和探索社会治理共同体的具体实践路径。他们在社会治理共同体的不同层面进行研究,包括概念、理论、实践和政策等方面。在理论层面,研究学者从多个学科角度,如社会学、政治学和公共管理等,探索社会治理共同体的理论基础。他们致力于理解社会治理共同体的演变机制、价值取向、权力关系以

① 陈朝宗.社会控制论与社会治理理论[J].福建行政学院福建经济管理干部学院学报,2005(4):5－10.

② 徐顽强.社会治理共同体的系统审视与构建路径[J].求索,2020(1):161－170.

③ 文军.迈向市域社会治理共同体的新时代[J].上海城市管理,2020(1):3.

④ 李志明."国家－社会"关系视角下社会治理共同体建设研究[J].人民论坛,2023(10):95－102.

⑤ 李华胤.共同缔造:社会治理共同体的实践表达[J].治理现代化研究,2023(3):69－78.

及参与主体的角色等问题,并运用相关理论框架提供理论指导;在实践层面,社会治理共同体已经在各地开展了尝试性的实践探索。对社会治理共同体进行研究的学者们更关心的是如何建设和发展社会治理共同体,包括资源整合、利益协调、决策参与、问题处理和风险管理等方面。他们通过实践经验总结和案例研究,探索有效推动社会治理共同体发展的路径和方法;在政策层面,社会治理共同体已成为推动社会治理现代化的重要策略。研究学者关注社会治理共同体的政策设计、制度建设和法律保障等方面,旨在优化社会治理体系,提高社会治理效能。他们通过制定相关政策和标准,引导和促进社会各界参与社会治理共同体建设。

总体而言,当前社会治理共同体的研究现状呈现出多学科交叉、理论与实践相结合的特点。未来需要进一步加强社会治理共同体的研究,深入挖掘其内涵和机制,为构建社会主义和谐社会提供智力支持。本书就是在社会治理共同体相关研究和理论基础上指导开展青少年体育治理工作,以期通过社会治理共同体的相关原理和理论探索青少年体育治理的具体方法和路径。

二、青少年体育治理的相关研究

如今社会对于青少年体育的关注度越来越高,青少年的健康发展是祖国的未来和希望,学者们从青少年体育治理的政策、路径、机制等方面开展了研究。在青少年体育治理的政策研究方面,各级政府在青少年体育方面提出了一系列政策和规划,着力推动青少年体育的发展。研究人员通过分析和评估这些政策的实施效果,为改进青少年体育治理提供参考和决策依据。

(一)体育治理政策研究

青少年体育治理政策相关研究,涉及体教融合、竞技体育政策等研究。冯春辉(2022)以多层次治理理论为依据,探讨我国体教融合的发展困境及完善对策①;王峰(2022)指出青少年体育治理的研究主题主要包括运动员学训矛盾、体育后备人才现状与模式、新时代学生体质健康与国外业余训练模式、竞技体育人才培养与青少年健康发展研究、学校体育改革5大类,且之间具有强联系性②;王登峰(2020)认为体教融合是体育治理的重要手段,要把竞技人才的培养"体"融合到国民教育体系"教"之中,中华人民共和国成立以来,体教双方在发展过程中呈现出体教配合、体教结合、体教融合这三个发展阶段③;毛振明(2020)认为"体"的问题可以通过"结合教""融合教"乃至"回归教"得到不同程度的解决,而"结合教""融合教"应是过程,"回归教"应是体教融合的终极目标④;贾志强(2022)指出实现体教融合一体化育人要建立体育和教育部门管理体制联动治理,青少年篮球竞赛体系多元统一,后备人才培养渠道多元化发展,"教学、训练、竞赛"一体化的综合保障体系⑤;阳艺武(2021)认为青少年体育后备人才面临协同共治的社会环境、多元共识的体育功能和矛盾重重的培养现实,应通过深化思想融合、促进目标融合、推动资源融合等措施加强后备竞技人才的培养⑥;杨三军(2021)以冰雪运动进校园为例,探讨了培养冰雪运动后备人才方面的治理路径,提出建立大中小学一体化的贯通培养体系⑦。

---

① 冯春辉,柴国荣.多层次治理视域下我国体教融合发展困境及完善对策[J].体育文化导刊,2022(1):98—103.

② 王峰,郑国华.我国"体教融合"研究的主题、热点与进路展望[J].天津体育学院学报,2022(1):44—50.

③ 王登峰.体教融合的历史背景与现实意义[J].体育科学,2020(10):3—7.

④ 毛振明,夏青,钱娅艳.论体教融合的问题缘起与目标指向[J].体育学研究,2020(5):7—12.

⑤ 贾志强,董国民,贾必成.体教融合背景下我国竞技篮球后备人才培养新格局与发展路径[J].体育文化导刊,2022(3):65—71.

⑥ 阳艺武,伍艺昭.体教融合背景下青少年体育后备人才培养的现实审视与战略取向[J].武汉体育学院学报,2021(1):80—86.

⑦ 杨三军,刘波.冰雪运动进校园与体教融合的内在关联和经验借鉴研究[J].北京体育大学学报,2021(3):105—113.

(二)体育治理路径研究

青少年体育治理路径相关研究,涉及青少年学校体育治理、赛事治理、公共服务治理等。王琪等(2023)研究了学校体育高质量治理的新价值、新理念和新路径,并从人才治理、制度治理、观念治理、结构治理和技术治理等层面提出学校体育高质量治理的新路径[①];李丽等(2023)提出要构建一体化治理机制,促进体教融合导向下的赛事治理主体之间的协同[②];柳鸣毅(2023)以上海市和浙江省深化体教融合实践为案例探讨了地方青少年体育合作治理的动力、构成要素、实现路径与演化机制[③];李乐虎等(2021)研究认为深化体教融合为学校体育的未来发展指明方向,为学校体育实现协同治理提供机遇,但在实际践行过程中仍存在对"健康第一"理念认识不足、治理主体多元化缺失等问题[④]。青少年体育治理研究正处于蓬勃发展的阶段,不断有新的理论和实践成果涌现。

青少年体育治理研究涉及领域广泛,主要包括:

(1)管理模式探索:针对青少年体育组织和管理的问题,研究人员致力于探索适合的管理模式。比如,如何建立健全的青少年体育俱乐部管理体系、如何促进学校体育与社会体育的有机结合等等;

(2)实践经验总结:研究人员通过对国内外优秀的青少年体育项目进行调研和分析,总结出一些成功的经验和做法。这些研究成果对于改进青少年体育治理具有借鉴意义,可以为相关机构提供参考和指导;

(3)评价指标研究:如何科学、客观地评价青少年体育发展状况是一个重要的问题。研究人员通过制定一套完善的评价指标体系,以便全面、

---

① 王琪,李经展,夏冉.中国式现代化赋予学校体育高质量治理的新价值、新理念及新路径[J].北京体育大学学报,2023(1):67-78.

② 李丽,吕万刚.青少年体育赛事协同治理的国际经验与启示[J].武汉体育学院学报,2023(2):35-43.

③ 柳鸣毅,敬艳,孔年欣,等.地方青少年体育合作治理何以可能——基于上海市、浙江省深化体教融合实践的探索式案例分析[J].上海体育学院学报,2023(5):79-94.

④ 李乐虎,王健,高奎亭,等.深化体教融合背景下我国学校体育治理的现实困境与路径选择[J].天津体育学院学报,2021(5):520-527.

准确地评估青少年体育治理的效果和成果;

(4)健康教育与心理健康研究:青少年体育治理不仅仅是关于体育技能的培养,还包括青少年的健康教育和心理健康方面的关注。相关研究致力于如何促进青少年积极进行体育活动以及体育活动如何促进青少年的身心健康发展。

"体教融合"是我国提出的政策概念,是青少年体育治理的重要手段。国外关于体教融合的研究尚不多见,但"体育治理"起步较早,体育治理研究以及实践比较成熟的主要有德国、澳大利亚、美国等发达国家。德国的教育系统已成为其竞技体育发展的重要支撑,为国家竞技体育提供了大量的人才。美国拥有一套完善的培养大学生运动员的体制,他们培养的学生运动员既有较高的文化素养,又能充分挖掘和培养学生的运动天赋,让他们登上国际大赛的舞台。国际大赛中有很多运动员来自斯坦福大学在内的几所高校,在奥运历史上,这几所顶级高校培养的运动员获得了几百枚奥运金牌,奖牌更是占所有参赛运动员之最。美国的高等学校不仅能够为国家队输送和培养高水平运动员,还形成了一种特有的校园体育精神文化。

国外发达国家较早地开展了"体教融合",通过学校教育让高水平运动员学习文化知识。选拔优秀退役运动员和教练员进入学校,让更多的学生受到更专业的体育教育。在青少年体育治理方面,美、德等体育发达国家在重视社会组织负责体育治理的同时并没有忽略政府组织在体育治理领域的指导作用,实行联盟、协会、政府等多元主体合作治理模式。目前一些发达国家的"体教融合""体育治理"发展已比较成熟,许多地方值得我们借鉴和学习。国内的研究学者们充分肯定了体教融合的现实意义,并以体教融合为引导开展青少年体育治理工作。但在通过青少年体育治理来引导、推动青少年体教融合的实践探索上还缺乏研究和可借鉴的经验。

第三节 青少年体育治理研究的重要意义

青少年是国家未来发展的主力军,做好青少年体育治理工作对于推动我国各方面发展具有重要意义。

一、建设体育强国、助力国家富强的需要

青年兴则国家兴,青年强则国家强。青少年朝气蓬勃,富有梦想,敢想敢拼,是祖国的未来和民族复兴的希望,是国家发展的重要动力来源。青少年一代有理想、有担当、有强健的体魄、坚韧的心理素质、有崇高的爱国精神,国家就有前途,民族就有希望。做好青少年工作,是实现我国百年奋斗目标的重要力量源泉,是民族发展的不竭动力。要把青少年切实作为社会主义建设者和接班人来培养,通过青少年体育治理,培养身心健康、有崇高理想信念,敢担当、能吃苦、肯奋斗的社会主义新时代青少年。

体育强国建设是一个国家综合国力的重要体现,对于提高国民身体素质、培养体育人才、促进经济社会发展具有重要意义。青少年是国家的未来和民族的希望,加强青少年体育治理,是实现体育强国建设目标的基础和关键。我国体育强国之路建设主要分为三个部分,即学校体育、群众体育以及竞技体育。在体育强国体制下我国竞技体育取得了优异成绩,使我国迅速迈入了体育大国行列,但在学校体育和群众体育发展方面不容乐观,与西方发达国家相比还有较大差距,群众体育市场化、多元化发展还比较滞后,成为体育强国建设过程中需要攻克的重要难题。

学校体育是青少年培养的主阵地,但学校体育发展情况不容乐观。在传统"重文轻武"教育理念下,学校、家长重文化,轻体育的思想仍根深蒂固,繁重的学业压力、现代多媒体设备的迅速普及严重限制了青少年学生的锻炼时间。建设体育强国,学校体育是基础也是关键。学校既是培养青少年的主要阵地,又是青少年竞技体育后备人才培养的重要组成部

分。因此应积极推进青少年体育治理,把学校体育作为人才培养的重要环节,把学生的身心健康状态提高到较高的水平。同时,要积极探索青少年竞技体育后备人才在学校教育体系下的培养方式和路径,进一步推进我国体育事业的可持续发展,建设体育强国①。

二、推进国家治理体系和治理能力现代化的时代要求

国家治理体系和治理能力现代化是一个国家政治、经济、社会、文化等各方面全面发展的重要标志。国家治理体系和治理能力现代化建设具有非常重要和广泛的意义:

(1)有利于国家长治久安。推进国家治理体系和治理能力现代化有助于提高国家政治稳定性,通过完善国家政治制度、加强法治建设、深化政治体制改革等措施,可以有效解决政治体制中存在的问题,增强国家的凝聚力和向心力,为国家的长治久安奠定基础;

(2)提升国家治理效能。推进国家治理体系和治理能力现代化有助于提升国家治理效能,通过优化政府职能、提高政策执行力、加强政府与市场、社会的协同治理等措施,可以提高国家治理的效率和效果,为国家的发展创造良好的政治环境;

(3)促进经济发展。推进国家治理体系和治理能力现代化有助于促进经济发展,通过深化经济体制改革、完善市场经济体制、加强宏观调控等措施,可以为经济发展提供有力的制度保障,提高经济发展的质量和效益;

(4)保障社会公平正义。推进国家治理体系和治理能力现代化有助于保障社会公平正义,通过加强社会保障体系建设、完善收入分配制度、加大反腐败力度等措施,可以有效缓解社会矛盾,促进社会和谐稳定;

(5)提高国际竞争力。推进国家治理体系和治理能力现代化有助于

———————————

① 翟丰.我国竞技体育与学校体育融合发展研究[M].徐州:中国矿业大学出版社,2021.

提高国际竞争力,通过优化营商环境、加强科技创新、培育国际竞争新优势等手段,可以提高国际竞争力,为国家的长远发展创造有利条件;

(6)增进民生福祉。推进国家治理体系和治理能力现代化有助于增进民生福祉,通过加强教育、卫生、住房等领域的改革和发展,可以提高人民群众的生活水平和幸福感,为国家的和谐稳定提供坚实的社会基础;

(7)促进社会文明进步。推进国家治理体系和治理能力现代化有助于促进社会文明进步,通过加强文化建设、提高国民素质、培育社会主义核心价值观等措施,可以推动社会文明程度的不断提高,为国家的长治久安提供强大的精神动力;

(8)弘扬民族优秀传统文化。推进国家治理体系和治理能力现代化有助于弘扬民族优秀传统文化,通过加强文化传承与创新、挖掘民族文化资源、提高文化产业竞争力等措施,可以有效保护和传承民族优秀传统文化,为国家文化的繁荣发展提供有力支撑;

(9)提升国家文化软实力。推进国家治理体系和治理能力现代化有助于提升国家文化软实力,通过加强文化交流与合作、提高国家文化影响力、打造文化品牌等手段,可以提升国家的文化软实力,为国家的发展赢得更多的国际认同和支持。

青少年体育治理是社会治理的重要内容,青少年体育治理是指通过制定和实施一系列政策、规定和措施,从而保障和促进青少年的身心健康发展,提高他们的体质和运动技能,培养他们的团队精神和竞争意识,以及塑造他们的良好品格和习惯。国家治理体系和治理能力现代化则是指通过改革和完善国家的政治、经济、社会、文化等各个方面的制度,从而提高国家的治理效率和效果,实现国家的长治久安和社会的和谐稳定。青少年体育治理是国家治理体系和治理能力现代化的重要组成部分,一个国家的治理体系和治理能力现代化程度取决于其对青少年的重视程度和发展水平。只有当青少年的身心健康得到充分保障,他们才能更好地参与到社会的各个领域,为国家的发展做出更大的贡献。青少年体育治理对于提高国家的治理能力具有重要的推动作用。通过有效的体育治理，可以培养出身体健康、精神饱满、有良好品格和习惯的青少年，这些人才是国家的未来，是国家治理的重要后备人才。青少年体育治理也是实现国家治理体系和治理能力现代化的重要途径，通过科学的体育锻炼和管理，可以有效地预防和控制各种相关的疾病和伤害，保障青少年的生命安全和身体健康，从而为国家的治理体系和治理能力的现代化提供了有力的保障。青少年体育治理与国家治理体系和治理能力现代化是相辅相成、相互促进的，我们应该高度重视青少年体育治理工作，努力提高我国的青少年体育治理水平，以此推动我国国家治理体系和治理能力的现代化进程。

三、推动体育事业、教育事业发展

在社会治理共同体视域下开展青少年体育治理是当前乃至今后一段时间教育事业、体育事业可持续发展的必经之路。过去我国青少年的竞技体育、群众体育和学校体育之间联系不多，导致青少年除了运动技能得到发展之外，缺乏与其他社会发展相适应的能力。开展青少年体育治理，落实体教融合战略，可以让青少年竞技体育工作回归校园，使竞技体育、群众体育、学校体育和体育俱乐部同步发展，实现其协调稳步前进，推动我国教育事业和体育事业的可持续发展。体育是学校教育的重要组成部分，加强青少年体育治理，有利于推动学校体育改革，提高体育教育质量，培养学生全面发展的能力。在青少年体育的治理中，需要最大化地利用教育改革的潜力，推动以体育人方式、办学模式、管理体制和保障机制的全面改革，促进青少年学生综合素质提高。同时青少年体育治理要注重传播正面形象和健康价值观，充分发挥学校以体育人的教育作用。

四、促进青少年身心健康发展

(一)提升青少年体质健康水平

体育锻炼对于青少年的生长发育具有积极的促进作用，现代多数大学生处于一种"不愿动、不想动、不会动"的现实状态。他们将更多的时间和精力放在了学业等事情上,面对体育锻炼则是"不愿动";除了少数学生有机会参加校内、校外竞赛之外,多数同学没有机会参加正式比赛,这也打消了部分同学体育锻炼的积极性,导致了"不想动";还有部分同学体育知识和运动技能都是在上课时间学习,且课堂教学也存在"水课"现象,所以很多同学不具备自己进行体育锻炼的知识和能力,导致想动而"不会动"。因此青少年体育治理对丰富青少年课余文化生活,推进素质教育等方面都起着非常重要的作用,通过参与体育活动,青少年可以锻炼身体,增强体质,预防疾病,培养对体育运动的兴趣,使其养成终身体育锻炼的习惯,拥有健康的体魄,为培养青少年德、智、体、美、劳全面发展创造条件,同时也有助于培养良好的心理素质和意志力。体育活动往往需要团队合作,通过参加集体项目,青少年可以学会与人沟通、协作,培养团队精神。同时,体育竞赛也能激发青少年的竞争意识,锻炼他们在竞争中求胜的能力。由此可见,青少年体育治理是实现青少年社会化的重要途径,肩负着促进青少年社会化的重要功能。

(二)促进青少年心理健康水平

我国古代《吕氏春秋·尽数》论述:"流水不腐,户枢不蠹,动也,形气亦然。形不动精不流,精不流则气郁。"表明体育锻炼对促进青少年学生的身心健康有着积极的意义。体育锻炼有益于身体和心理健康,身体健康和心理健康互相依赖,形成统一体。

1.体育锻炼能让学生正确认识自我

体育锻炼能让学生更加了解自己在哪些方面有特长,对自己的能力、性格和优点做出恰当、客观的评价,对自己不会提出苛刻、非分的妄想,并能发展自身的潜能,端正自我意识,实现自我价值。

2.体育锻炼能促进良好人际关系的形成

体育锻炼是增进人与人接触最好的方式,能培养学生的交往能力,使人际关系得到改善。学生在体育活动中直接或间接地与其他同学接触和交流,就会产生亲近感。因此,体育锻炼有利于协调人际关系,并且能使处在同一个集体中的人学会互相关心、照顾,理解他人,帮助他人,从而形成与人交流、合作的习惯,这样就会形成一种良好的人际关系。

3.体育锻炼有利于良好情感的发展

学生在体育锻炼中伴随着成功与失败、欢乐与痛苦、忧伤与憧憬等强烈而又深刻的情感体验。这种丰富的情感体验有利于学生健康情感的形成,有利于情感自我调节能力的发展。

4.体育锻炼有利于坚强意志品质的形成

意志品质指一个人的自觉性、果断性、坚韧性和自制力以及勇敢顽强和独立主动的精神,是一个人行为特色的稳定因素的总和。体育锻炼能培养青少年坚强的意志品质、增强抵抗挫折的能力。学生在体育锻炼中形成顽强拼搏、吃苦耐劳、坚持不懈、克服困难的思想作风,逐步培养合作意识、集体主义和爱国主义精神和机智灵活、沉着果断、谦虚谨慎、奋发进取、自强不息等高尚的意志品质。

5.体育锻炼能有效预防心理疾病的发生

体育锻炼能预防青少年学生心理疾病的发生。当学生出现心理问题时,如能得到及时疏导、排解,就能把心理问题化解在萌芽状态。而体育锻炼就是行之有效的疏导、排解渠道。通过运动,不良的心境、郁闷的心情就会随着一身大汗排解出去,使人达到身心平衡,获得身心健康。研究发现经常参加体育锻炼的学生和很少参加体育锻炼的学生相比,心理健康因子平均值有显著差异,经常参加体育锻炼的学生的整体心理健康水平明显高于很少参加体育锻炼的学生。

体育锻炼是影响青少年心理健康的重要因素,它可以给人们提供更多的交往机会,有助于消除体育之外的阶层或文化上的差距,有助于消除孤独心理,也有助于自身形成健全的人格,全面发展高素质人才。

五、促进青少年竞技体育后备人才的全面发展

青少年体育治理是选拔和培养优秀体育后备人才的重要环节,通过建立健全的青少年体育选拔和培训机制,发现和培养具有潜力的年轻运

动员,提供专业的指导和培训,为国家体育事业的长远发展提供人才储备。青少年体育治理的重要手段之一就是深化体教融合,作为一种新的育人方式,在保障青少年运动员身心健康发展的同时,使其不断朝着德智体美劳全面发展的综合型人才方向培养,让青少年运动员除了拥有较高的竞技水平之外,还要具备一定的文化知识水平。完善青少年治理的多元参与主体,将学校体育、社会力量作为竞技体育后备人才培养的重要力量。一方面通过组建青少年体育俱乐部与各级各类学校、体校联合组建运动队,不断创新青少年竞技体育后备人才培养模式,建立小学、初中、高中、大学的"一条龙"培养体系;不断深化体校改革、完善体校治理体系,不断提高青少年竞技体育后备人才的培养数量和输送质量。另一方面,引导和支持社会力量参与青少年竞技体育后备人才的培养,鼓励各类青少年体育培训机构的建立与发展,基层青少年体育组织机构的建立和完善能够为我国青少年体育后备人才的培养提供长远的支持。

第四节　青少年体育治理研究的主要内容和方法

一、青少年体育治理研究的主要内容

本书研究的目标是在社会治理共同体视域下,解决青少年体育治理机制、方法以及路径等问题。根据当前我国青少年体育治理已获得的理论研究和实践领域取得的进展,同时基于本书的研究主体与边界设定,本书的研究内容及思路可归结为三个方面。

一是青少年体育治理研究总述。该部分对国家和地方政府关于青少年体育治理的政策、法规和规划进行了阐述,主要对我国现行的青少年体育政策进行研究,包括国家层面的体育法律法规、地方层面的体育政策以及学校层面的体育教育规划等。它通过对现行体育治理、青少年体育发展、体教融合等相关政策的深入分析,调查政策执行落实情况以及效果,为后续的政策制定和改革提供一些参考建议;同时分析其对青少年体育的影响和作用,为制定和完善相关政策提供理论依据;并且提出了青少年体育治理的理论基础,通过相关理论基础指导青少年体育治理工作的开展。

二是对青少年体育治理进行专题研究。具体包括学校体育治理、体校治理、青少年体育俱乐部治理、青少年竞赛体系治理等几个专题环节,从青少年体育教育的目标、内容、方法和评价体系方面,探讨如何提高青少年体育教育的质量,促进青少年身心健康全面发展;通过青少年运动员的选拔、培训、管理和激励机制,分析青少年体育竞赛的组织和运行模式,为提高青少年体育竞技水平提供支持;从青少年体育俱乐部的类型、功能和管理方式,探讨如何发挥社会组织在青少年体育发展中的作用,促进政府、学校和社会共同参与青少年体育治理。同时提出了青少年体育治理的基础理论研究,从多个治理主体出发提出了青少年体育治理当前存在的困境以及未来治理路径及策略(详见图1-1)。

三是对青少年体育治理相关案例进行研究。分析国内外青少年体育治理的案例,总结他们的成功经验和优秀做法,结合我国实际情况,为青少年体育治理工作提供参考和借鉴。

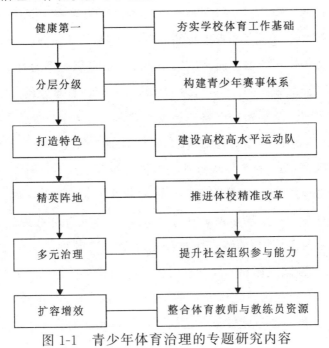

图1-1 青少年体育治理的专题研究内容

二、青少年体育治理研究的对象与方法

(一)青少年体育治理研究的对象

青少年体育治理是一个复杂、长期的过程,随着社会的发展和科技的进步,人们越来越重视青少年的身心健康和全面发展。青少年体育治理涉及多个领域,包括政策导向、教育、卫生、体育、社会等,需要多学科、多领域的研究者、管理者共同参与。

青少年体育活动的主体是青少年。他们的年龄、性别、兴趣爱好以及身体状况等多种因素都会对体育活动的参与度和成效产生影响。因此,在研究青少年体育治理时,我们需要深入了解青少年的身体和心理成长特性,以及他们在各个年龄阶段的兴趣爱好以及体育需求。

在青少年体育治理过程中,学校、社区、体校、体育教师、教练员以及体育俱乐部等不同类型的组织者和管理者扮演着至关重要的角色。他们有责任设计合适的体育课程和活动方案,聘请有经验的教练和裁判,并确保体育设备的安全与卫生状况。因此,在研究青少年体育治理时,我们需要深入了解这些组织者和管理者的职责、技能和管理能力。

在青少年体育活动方面,政府、企业和社会组织等都为青少年提供了大量的体育资源和支持。例如,为了促进青少年体育事业的进步,政府可以采取制定相关政策和提供财务援助等措施;企业可以通过赞助和合作来参与到青少年的体育活动中;社会团体有能力通过举办公益活动和培训教师等途径,助力青少年提升他们的体育修养。因此,在研究青少年体育管理时,我们需要重视外部援助和资源的使用效益与公正性。

通过对青少年在体育活动中的参与度、身体状况和心理健康等多个方面进行全面评估,我们能够更准确地了解体育管理措施的实际成效。此外,通过对不同地域和不同社群的体育管理状况进行比较分析,我们能够识别出其中存在的问题以及可能的改进方向。因此,在研究青少年体育管理时,我们需要重视效果评估的各种方法和准则。

(二)青少年体育治理的研究方法

1.文献分析法

通过查阅相关的政策文件、研究报告、学术论文等资料,了解国内外青少年体育治理的理论体系、实践经验和发展动态。资料的收集不仅局限于图书、互联网等领域,还包括了做田野调查时所收集、整理、留存的资料。比如课题组成员在河南、陕西、贵州、北京等地区工作和生活期间进行考察调研,收取了关于青少年冰雪运动开展、俱乐部建设等资料;通过在全国各地担任一线体育教师、教练员的同学、朋友进行咨询、访谈,了解当地体育教学、训练以及竞赛开展等资料情况。课题组成员在体育教学一线的工作中的观察、实践总结等资料在本书完成过程中也被整理使用。

2.实地调查法

通过走访学校、社区、体育俱乐部等场所,了解青少年体育活动的组织形式、管理模式、师资力量等方面的具体情况。还调查了部分地区对青少年体育的认知和治理问题,获取第一手资料。

3.案例分析法

通过对典型的青少年体育活动案例进行深入剖析,总结成功经验和教训,为本书开展的对于青少年体育治理的研究提供借鉴。

4.问卷调查法

通过设计针对性的问卷,收集青少年、家长、教师等相关人员的意见和看法,了解他们对青少年体育治理的需求和期望。

5.数据分析法

通过对收集到的数据进行整理、分析和研究,揭示青少年体育治理的内在规律和影响因素。从定量的角度认识问题,提高研究的科学性和准确性。

6.比较研究法

由于历史传统、文化渊源不同,各国的青少年体育治理发展也不尽相同,所以青少年体育治理工作开展也存在差异。要做好我国的青少年体育治理工作不能"闭门造车",而要立足本国国情,放眼世界尤其是体育强国,用比较分析的方法研究各国青少年体育治理的方法路径,学习先进经验。

  除了上述方法之外,本书的研究还使用了其他研究方法,这里就不一一赘述了。无论何种研究方法,都需要相互补充、互相结合,才能更好地发挥其作用。

第二章　社会治理共同体视域下青少年体育治理研究总述

第一节　青少年体育治理理论概述

一、社会治理共同体概述

社会治理共同体是社会治理创新的重要基础,是构建社会治理共同体的重要载体。党的十九届四中全会提出,要坚持和完善共建共治共享的社会治理制度,保持社会稳定、维护国家安全。十九届五中全会通过的《中共中央关于制定国民经济和社会发展第十四个五年规划和二〇三五年远景目标的建议》提出,推进国家治理体系和治理能力现代化。这是全面推进社会主义现代化国家建设过程中对"社会"概念的新认识、新发展。在传统的社会管理理念中,政府是社会治理的主导者,社会治理主体多元、主体力量分散、治理方式多样,容易导致社会矛盾频发、社会冲突加剧、社会秩序混乱。近几年,我国在推动社会治理现代化的过程中进行了一系列积极的尝试和探索,包括促进政府职能的转型和公共服务提供方式的创新;不断完善社区的自治治理,以增强居民的参与意识;不断加大对基层组织的建设力度,完善基层的社会治理结构;推动"互联网＋"模式下的基层管理服务的创新,基层的管理服务方法创新。这些尝试和经验都显示,我国正在逐渐从由政府主导的传统的治理方式转向一个政府主导、社会各界积极参与的新型治理模式。在社会治理的领域内,如何充分利用社会的力量,确保社会的共同治理、合作建设和资源共享,成为未来深化社会治理制度改革中亟待解决的核心议题。

二、青少年体育治理概述

随着社会的发展,体育的内涵和外延都发生了很大变化,体育作为一种生活方式,早已成为社会生活的一部分。体育治理是通过建立合理的制度、规则和机制,对体育运动进行管理、监督和指导,以实现体育运动发展的目标和使命。在运营过程中,体育治理机构和团体可以起到规范市场、保护运动员权益、确保公平竞争、协调利益关系等作用。体育治理的历史可以追溯到 19 世纪末 20 世纪初,当时一些国家开始制定和执行体育规定,设立体育竞赛组织机构。随着全球体育运动的普及和发展,各国政府和社会组织纷纷成立或改革其体育组织机构,以加强管理、监管和提高发展水平,推动公正竞争和可持续发展。当前,世界上许多主要大型体育组织,如国际奥林匹克委员会、FIFA、NBA、CBA 等,都已经形成了较为完善的治理机制,为成员提供独立和公正的裁判、纪律处分、规则制定等服务。同时,一些国家的政府也对体育治理机构加强了监管和规范,促进体育事业的健康发展和推动体育普及。体育与教育、文化、经济等各个领域相互交融,共同构成了国家治理体系。

(一)青少年体育治理提出的时代背景

青少年体育治理提出的时代背景主要是在 21 世纪初,随着人民生活水平的逐步提高以及经济社会日新月异的发展,社会各界对青少年身心健康和全面发展的关注逐渐增强。但近年来青少年体质健康水平逐渐下降,青少年缺少运动、缺乏锻炼,肥胖、近视、脊柱侧弯、心理亚健康等问题突出。在这个背景下,各国政府和教育部门开始重视青少年体育事业的发展,制定了一系列政策和措施,以促进青少年体育治理体系的建立和完善。如今,全球化和经济一体化的趋势使得各国之间的竞争日益激烈,人才成为国家竞争力的核心。因此,各国政府都意识到加强青少年体育教育对于培养国家未来所需的优秀人才具有重要意义。随着科技的进步和信息传播的便捷,青少年接触到的信息越来越多,其中不乏一些不良的生活习惯和价值观。为了引导青少年树立正确的世界观、人生观和价值观,许多国家开始将体育纳入国民教育体系,通过体育活动促进青少年身心健康成长、培养青少年的团队精神、合作意识和自律能力。此外,青少年是国家、民族未来发展的重要人才基础,青少年的健康发展直接关系到国家未来的发展和社会长久的稳定。因此,各国政府都高度重视青少年体育治理工作,投入大量资源改善青少年体育设施和条件,普及青少年体育运动项目,提高青少年体质水平。我国也一直高度重视青少年身心发展,先后出台一系列政策支持青少年发展,在 2020 年,教育部和体育总局联合印发《关于深化体教融合促进青少年健康发展的意见》后,青少年体育治理工作上升到国家层面,各级地方政府逐渐开始重视并采取一系列措施开展青少年体育治理工作。一方面"体教融合"意见的颁布实施是开展青少年体育治理工作的重要背景之一;另一方面体教融合也是青少年体育治理的重要路径和手段,为青少年体育治理工作的开展指出了目标方向。体育治理与体教融合相互促进,共同推进青少年体育工作的发展。

(二)社会治理共同体视域下青少年体育治理的理论逻辑

青少年体育治理是社会治理的重要组成部分。社会治理共同体的主要特征包括多元主体参与、共享资源、维护共同秩序等,而青少年体育治理共同体建设是指构建一个多方参与、协同共治的体系,旨在有效推进青少年体育发展,为其提供全面的支持和保障。以下是青少年体育治理共同体建设的关键要素。

1.完善治理主体结构

建设青少年体育治理共同体需要明确各参与主体的分工和责任。包括政府部门(负责制定青少年体育发展规划、政策和法规,逐步增加青少年体育治理工作的投入、对青少年体育治理工作进行监督和评估、合理配置青少年体育资源)、学校(严格贯彻落实健康第一的指导思想,开齐开足体育课程,做好以体育人,逐步提高体育在学校教育中的地位,营造良好的校园体育文化氛围,逐步开放体育锻炼场地和设施,组织各类体育竞赛和培训,培养学生的体育兴趣和习惯,关注学生的身心健康状况)、家庭(转变唯分数论的传统思想,培养孩子的体育兴趣和习惯,关注孩子的身体和心理的健康,鼓励其积极主动参加各种体育活动,培养一到两项的运动技能,为孩子树立榜样、以身作则创造良好的家庭锻炼环境)、社会体育组织(负责提供丰富多样的体育资源和服务,支持青少年体育俱乐部、社区体育组织的发展,举办各类体育赛事和活动,营造良好的社会体育氛围)、体育从业者(加强自身专业建设,积极引导体育教师、教练员进社区与家庭联动宣传体育思想,加强教师职业能力提升培训,建立教师共同体,掌握促进青少年身心健康发展的基本专业素养)等,各方都应明确自身在青少年体育治理中的角色和职责,并形成互补和协同的合作机制。

2. 加强合作伙伴关系

青少年体育共同体建设需要建立起跨界合作的伙伴关系。政府相关部门应当深化与学校、社区、家庭以及体育团体等的交流与协作,共同创造协同效应。行政部门要发挥对社会和家长的引领作用,创造良好的社会氛围,引导学生参与到体育锻炼中来。同时也要加大宣传力度,让学校、社会、家长等深刻认识到体育运动是促进健康生活方式养成、提高身体素质、增强自信心的重要手段。

3. 提供全面的支持和资源

青少年体育治理共同体建设需要充足的资金、场地、设施和人力资源支持。政府应该增加对青少年体育活动的资金支持,并提供必要的财政援助和政策倾斜;学校需要加大对体育教育的支持力度,并提供高质量的教师资源和设备;社会团体应当提供各种体育活动和场所设备,并激励家庭积极参与。

4. 强化信息共享和协同管理

青少年体育治理共同体建设需要建立起有效的信息共享和协同管理机制。所有参与的主体都应该增进信息的分享、协同和合作,以确保青少年体育的治理工作能够有条不紊地进行。除此之外,还需要构建一个完善的数据管理和评估监测系统,以便对青少年的体育成长进行更为科学的评估和跟踪。

5.加强专业化建设

青少年体育治理共同体建设需加强青少年体育治理参与主体人员方面的专业化建设,包括学校体育教师、教练员、体育管理人员等。拓展相关培训和职业发展机会,加强国际交流与合作,提升我国青少年体育事业的国际竞争力,建立专业的指导和咨询机构为体育治理提供专业的支持和指导。

青少年体育治理共同体建设是在政府、学校、家庭、社会等多方共同参与下,通过制定和实施一系列政策、措施,促进青少年身心健康成长,提高青少年体育水平的一种治理模式。这种模式强调各方的共同责任和合作,以实现青少年体育事业的可持续发展。本书基于学界已有研究成果,在社会治理共同体理论视域下从政府政策、学校体育工作、竞赛体系构建、社会体育组织、俱乐部、社区、体育从业者等多元治理主体角度出发,在政策、法治、路径等维度下探索建立青少年体育治理的共同体。

第二节　青少年体育治理研究的理论基础

一、新公共管理理论

(一)新公共管理理论的内涵

新公共管理的理念最早可以追溯到 20 世纪初期,当时的西方国家政府和非营利机构都面临着严峻的社会挑战,例如失业、贫困和环境污染等问题。为了应对这些挑战,众多学者开始深入研究政府与非营利组织的管理方式,并努力寻找提升这些机构工作效率和成果的策略。新公共管理的理论起源可以追溯到古代的政治思想,例如亚里士多德的政治观点、霍布斯的社会契约论以及政治秩序的理论等。这些思想强调了政府的合法性、权力的来源,以及政府在社会管理中的角色。尽管这些建议主要集中在政治领域,但它们为后续的新公共管理学说打下了坚实的基础。而公共管理理论中,科学管理理论被视为另一个关键的理论来源。弗雷德里克·泰勒(Frederick Taylor)被视为科学管理思想的杰出代表,他提出了"科学管理"这一理念,并主张采用科学的手段来优化工作流程和提升工作效率。该理论对政府以及非营利组织的管理行为产生了深刻持久的影响,从而推动这些组织运用科学的管理手段来解决现实中的问题。20世纪50年代,新公共管理理论作为一种新兴的公共管理思想开始崭露头角。该研究吸取了经济学和行为经济学的各种理论与方法,专注于解决政府决策过程中存在的信息不对称和激励机制的问题。公共管理理论的中心思想是,当政府决策者遭遇利益冲突时,他们常常会做出对自身有益的非理性决策。因此,为了缓解信息的不对称和激励机制的偏差,政府必须通过完善的制度构建和政策介入来提升政策的实施效果。

新公共管理理论是对传统公共管理理论的批判和改革。它认为传统的公共管理模式存在过于官僚化、效率低下等问题,与当今社会发展需求不匹配。新公共管理理论主张社会公共服务市场化,通过鼓励竞争和激励措施等手段和方法提高公共服务的效率和质量。实践证明,这种改革确实能够提高政府和非营利组织的效率,但同时也引发了一系列新的社会问题,如公共服务过于商业化导致政府职能的削弱等。随着全球化的深入发展,政府和社会组织面临着越来越多的国际问题。如何在全球范围内协调政策和资源,实现公共利益的最大化,成为公共管理所面临的重大挑战。因此,跨域治理成为现代公共管理的重要趋势,涉及国际组织、跨国公司、非政府组织等多个主体的合作与协调。此外,信息技术的发展为公共管理带来了新的机遇和挑战。一方面,信息技术可以提高政府的决策能力和公共服务的效率;另一方面,信息技术也带来了信息安全、隐私保护等一系列问题。所以要在关注如何在保障信息安全的前提下,利用信息技术提高政府和非营利组织的治理能力。面对全球性的社会和环境问题,政府和非营利组织越来越意识到自己在可持续发展中的重要作用。因此,社会责任成为现代公共管理的基本原则之一,要求政府和非营利组织在制定和实施政策时充分考虑社会和环境效益。同时,可持续发展也成为评价公共管理绩效的重要指标,引导公共管理者追求经济、社会和环境的协调发展①。

(二)新公共管理理论在青少年体育治理中的应用

新公共管理理论为我国青少年体育治理提供了有力的理论支持和实践指导。通过运用新公共管理理论,可以更好地为青少年体育治理制定科学的发展规划、建立健全的青少年体育治理管理体制和机制、创新管理模式和方法、加强人才队伍建设以及加强国际交流与合作,从而推动我国青少年体育事业的健康、快速发展。

1.制定科学的青少年体育治理发展规划

新公共管理理论强调政府在青少年体育治理中的引导规划作用。因此,在制定青少年体育发展规划时,政府应当充分考虑青少年体育发展的现状、趋势以及面临的挑战,制定出科学、合理、可行的发展规划。此外,政府还应当加强对青少年体育发展规划实施的监督,确保规划目标能够按原定计划顺利实现。

2.建立健全的青少年体育治理体制和机制

新公共管理理论认为,政府在青少年体育治理中应当建立健全的管理体制和机制。包括明确各级政府在青少年体育治理中的职责和权力,加强政府的组织协调能力;建立健全青少年体育治理的组织体系,如学校体育、社会体育、家庭体育等;完善青少年体育治理的政策体系,如财政支持政策、人才培养政策等;加强青少年体育治理的监督和评估,确保政策的执行效果。

3.创新青少年体育治理模式和方法

新公共管理理论提倡在青少年体育治理中采用创新的治理模式和方法。例如,可以借鉴国际上成熟的青少年体育管理模式,如美国的"全国青年体育联盟"(NJSAA)模式、澳大利亚的"全国青少年体育协会"(NATS)模式等;也可以根据我国的实际情况,探索适合我国的青少年体

---

① 吉春鸣.新公共管理对中国行政管理改革的借鉴意义[J].山西财经大学学报,2008(S2):9.

育治理模式和方法,如深化体教融合、校园足球的建设模式等。

4.加强青少年体育治理人才队伍建设

新公共管理理论认为,各治理主体在青少年体育治理中应当重视人才队伍的建设,高度重视青少年的身心教育。政府、社会力量要增加对青少年体育教育的投入,提高教育质量;完善青少年体育人才的培养体系,构建学校体育、体校、体育俱乐部等多元化的青少年人才培养体系;加强青少年体育人才的选拔和培训,提高人才队伍的整体素质;加强对体育教师和教练员的培养、激励和保障,确保体育教师和教练员在青少年体育治理中的主体地位。

5.加强国际交流与合作

新公共管理理论强调在青少年体育治理中应当加强国际交流与合作,逐步减小我国青少年体育与其他国家的差距,提高青少年体育的影响力。通过参与国际青少年体育组织和活动,学习借鉴国外先进的青少年体育理念和管理经验;加强与国际青少年体育组织的合作关系,共同推动青少年体育事业的发展;鼓励我国青少年运动员参加国际比赛,提高我国在国际青少年体育舞台上的影响力,提升青少年的竞技水平和竞技能力。

二、公共治理理论

(一)公共治理理论的内涵

公共治理理论起源于 20 世纪 70 年代,伴随着全球化进程的加速和社会问题的多元化、复杂化,越来越多的学者开始关注政府、市场和社会在公共事务管理中的作用。公共治理理论希望政府有自知之明,做自己应做和能做的事;不强求自上而下、等级分明的社会秩序,而重视网络社会各种组织之间的平等对话的系统合作关系[①]。它的核心观点是:政府、市场和社会应该共同参与公共事务的管理,形成一个多元化的治理体系,以提高公共事务的效率和公平性。

---

① 何翔舟,金潇.公共治理理论的发展及其中国定位[J].学术月刊,2014(8):125−134.

(二)公共治理理论的核心观点

1.多元治理主体

公共治理理论认为,政府、市场以及社会都应当在公共事务管理中发挥协同作用,从而构建一个多元化的治理结构。这意味着政府不仅需要在经济方面扮演领导角色,还需要在社会和文化等多个领域充分施展其影响力;市场不只需要在资源分配上展现其基本功能,同时也要在规定和监控中展现其重要性;社会不仅需要在公共事务中展现其参与度,同时也要在创造公共价值方面发挥其最大潜能。

2.公共价值创造

公共治理理论强调,在公共事务的管理过程中,政府、市场和社会的核心目标应当是增强公共价值的创造能力。这表明,政府需要重视公共利益的实现,市场应致力于社会福祉的提高,而社会则应关心公共价值的创造。通过所有治理方的积极参与和合作,从而实现公共价值的最大化。

3.政策制定与实施的民主化

公共治理理论认为,制定和执行政策的整个流程应当民主化、透明化。决策者在制定政策时,应当深入考虑各方的观点和需求,以确保政策的公正性和合理性;执行政策的人应当重视民众的意见,并受到民众的监督,以确保政策有效性和可持续性。通过实施民主化的政策,可以有效增强政策的公众信赖度和执行能力。公共治理理论深入探讨了政府与非营利组织间的权利分配和决策流程。它主张,为了实现高效的治理,需要构建一个基于共同目标的决策流程,以确保各方的利益得到均衡。公共治理理论积极探索了多种治理策略和手段,包括但不限于多元主义、合作式治理以及网络治理等。这些建议为公共治理的实际操作提供了宝贵的方向和灵感。

(三)公共治理理论在青少年体育治理中的应用

在青少年体育治理过程中,政府应当借鉴公共治理的理念,努力提升公共服务的品质,以满足青少年对体育的多元化需求,包括组织全民参与的健身活动,并广泛宣传推广体育相关的知识与技能;加大学校开展体育教育的力度,激发学生对体育的热情;鼓励社区体育的进一步发展,并致力于建设多样化的体育设施和场所。构建一个共建共治的青少年体育治理模式,需要多方的参与和合作,这涉及众多的利益相关者,所以要借鉴公共治理的理念。通过加强政府与各社会组织之间的合作关系,以及充分利用社会组织在青少年体育治理方面的社会影响。鼓励各企业积极参与青少年的体育活动,并为此提供必要的资金和技术支持,加强家庭、学校和社会之间的交流与合作,营造一个全社会都关心和支持青少年体育的积极环境。法治是现代国家治理的核心手段,是实现国家治理体系和治理能力现代化的重要保障。在处理青少年体育问题时,政府应当借鉴公共治理的理念,完善法律制度,确保青少年的体育权利得到维护。包括对青少年体育相关的法律和法规进行完善,并明确规定各参与方的权益和责任;加强对体育活动的法律监管,并严格打击任何违法或违规的行为;构建和完善青少年体育相关的纠纷解决机制,以便及时解决各种矛盾和纠纷。

三、人的全面发展理论

人的全面发展是马克思主义关于社会发展的基本理论之一,是社会主义现代化建设的重要目标。应深入研究人的全面发展理论,把握其科学内涵和实践价值,为实现青少年体育治理提供理论支持。

(一)人的全面发展的内涵

随着马克思主义中国化,人的全面发展理论应用于教育领域,其认为人的全面发展首先是指人的完整发展,即人的各种最基本或最基础的素质必须得到完整的发展,实现人的智力和体力的全面充分发展,实现人的能力和个性的自由充分发展。科学素质是人的全面发展的内在要求,教育领域的全面发展,实际上是指将人的基本素质具体化,使青少年德、智、体、美、劳各个方面素质全面提高。在1995年《中华人民共和国教育法》(2021年第三次修正)颁布之后,人的全面发展的理念被确立为国家政策和教育实践的核心指导原则。人的全面发展理论的制度化工作主要包括三个方面的内容:一是各级各类学校都明确教育的具体目标和任务,并据此制定教学大纲、编写教材、制定考核标准、落实教学内容和课程体系;二是建立指导教育工作的党政组织机构,出台一系列指导教育工作的重要政策;三是形成教育科学的分类标准和基本框架,完善以德育论、教学论、体育论、美育论等为基础的中国教育学学科体系。

(二)人的全面发展理论基本原则

1. 个体差异性原则

人的全面发展理论认为每个人都是独立的个体,具有不同的发展需求和潜力。因此,在青少年体育治理中应注重个体差异性,尊重每个学生的个体差异,提供个性化的体育教育。

2. 综合性原则

人的全面发展理论强调体育与学科、社会等方面的综合发展。在青少年体育治理中,应将体育与其他学科相结合,培养综合素质,提高学生的整体素质。

3. 阶段性原则

人的全面发展理论认为人的发展是一个阶段性的过程。在青少年体育治理中,应根据不同年龄段的学生特点和需求,制定相应的体育教育计划,促进学生在不同阶段的体力和智力发展。

(三)人的全面发展理论在青少年体育治理中的应用

在青少年体育治理中,人的全面发展理论的应用具有理论指导意义,具体体现在四个方面:

(1)个性化体育教育:根据学生的个体差异性,提供个性化的体育教育。通过了解学生的兴趣爱好、身体素质和发展潜力等方面的情况,为每个学生制定有针对性的体育课程大纲和训练计划,激发和培养每一位学生的运动兴趣和锻炼积极性;

(2)跨学科整合:将体育与其他学科相结合,培养学生的综合能力和创新思维。例如,在体育教学中融入数学、物理等学科知识,让学生在运动中学习和应用多方面的知识,提高整体素质;

（3）分阶段教育：根据学生的年龄特点和发展需求，制订相应的体育教学计划。对于小学生来说，要注重基本运动技能的培养；对于中学生来说，要注重团队合作和竞技水平的提升；对于大学生来说，要注重专项技能的训练和竞技水平的提高。通过分阶段教育，促进学生在不同阶段的身体发育和智力发展；

（4）多元化评价体系：建立多元化的评价体系，不仅关注学生的运动成绩，而且关注学生的综合素质和个性发展。除了传统的体育测试外，还可以通过观察记录、同伴评价等方式对学生进行全方位、全过程的评价，鼓励和督促学生综合素质的发展。

四、可持续发展理论

（一）可持续发展理论内涵

在 20 世纪 60 年代，环境保护活动开始重视环境议题，并首次提出了"可持续发展"的理念。在 1987 年的《我们共同的未来》报告中，联合国世界环境与发展委员会首次清晰地阐述了可持续发展的理念，即要满足当代人的各种需求，同时又不对后代人满足其需要的能力构成危害。可持续发展的理论是一种独特的发展策略，它主张在经济、社会和环境这三个维度上实现均衡的进步。"平衡"是可持续发展理论的中心思想，这说明需要在经济增长、社会进步与环境保护三者之间寻找一个平衡点。可持续发展的理念强调了社会的可持续性，并指出社会的进步和发展不应牺牲个人的权益。

（二）可持续发展理论在青少年体育治理中的应用

可持续发展要求青少年不仅要有高度的知识水平，明白德育、智育对自己未来发展的长远影响与后果，而且有高度的道德水平和渊博的文化知识的同时还要有强健的体魄，只有身心健康才能保障可持续地获得德育和智育的能力，为了身心的健康发展，应自觉地考虑长远利益而牺牲一些眼前利益和局部利益。这就需要在可持续发展的建设中大力发展符合可持续发展精神的体育事业。可持续发展的青少年体育体系应该不仅使青少年获得可持续发展的科学知识,还应该使青少年具备可持续发展的身心健康水平。

五、协同治理理论

协同治理理论是一种新兴的社会治理模式,它强调政府、市场和社会三者之间的协同作用,以实现社会公共利益的最大化。这种理论的出现,是对传统社会治理模式的一种挑战和补充。

(一)协同治理理论的内涵

协同治理理论是一种基于合作与协调的社会治理模式,它主张政府、市场和社会等多个治理主体在社会治理中应该发挥各自的优势,通过相互协调和共商,共同解决社会问题。这种理论的核心观点是:社会治理不仅仅是政府的责任,也需要市场和社会的参与;政府的职能不仅仅是提供公共服务,也需要引导和监督市场和社会的行为;市场和社会的作用不仅仅是追求自身的利益,也需要为社会的公共利益做出贡献。

(二)协同治理理论的特点

1. 多元主体参与

协同治理理论强调政府、市场和社会等在社会治理中的多元主体地位,认为只有当多个治理主体都参与到社会治理中来,才能有效地解决社会问题。

2. 合作与协调

协同治理理论主张多元治理主体之间应该通过合作与协商来实现共同的目标,而不是互相推诿或以各自利益为中心。

3. 公共利益导向

协同治理理论强调社会治理的目标应该是实现社会公共利益的最大化,而不是满足某一方或者某几方的个人利益。

(三)协同治理理论在青少年体育治理中的应用

协同治理理论是一种基于合作与共享的治理模式,强调各方参与者在共同目标下进行协作,实现资源共享和价值共创。通过多元参与、共同治理、合作创新、共享成果等方式,可以提高青少年体育治理的效率和水平,促进各方参与者形成共识,实现青少年体育事业的可持续发展。为此,我们应深入研究协同治理理论,不断完善和发展青少年体育治理体系,为我国青少年体育事业的发展贡献力量。

1. 多方参与

在青少年体育治理中,应充分发挥政府、社会组织、学校、家庭等多方参与的作用。政府应承担起主导作用,制定合理的政策和法规,为青少年体育事业提供有力的保障。社会组织和企业可以发挥资源优势,为青少年提供更多的体育活动场所和服务。学校和家庭则应承担起培养青少年体育兴趣和习惯的责任,共同推动青少年体育事业的发展。

2. 共同体治理

在青少年体育治理中,各个主体应共同参与决策过程,形成共识。政府、社会组织、学校、体校、家庭、青少年体育俱乐部、体育教师和教练员等各方应加强沟通与协作,共同制定青少年体育发展规划和实施方案。此外,各方还应建立有效的信息共享机制,及时掌握青少年体育发展动态,为决策提供有力支持。

3. 合作创新

在青少年体育治理中,各方参与者应积极开展合作创新活动,共同探索符合青少年特点的体育教育方法和治理手段。例如,学校可以与企业合作,开展校园足球、篮球等活动;家长可以参与到学校的体育课程设计和实施中,共同培养孩子的体育兴趣和能力。通过合作创新,可以加强青少年体育教育的针对性和有效性,促进青少年体育事业的健康发展,体育教师和教练员应多与家庭沟通交流,宣传体育健康知识。

4. 共享成果

在青少年体育治理中,政府、社会组织、学校、家庭等各方应共同分享青少年体育发展带来的青少年身心发展、教育和文化等方面的效益。例如,社会体育组织可以使青少年体育产业发展的成果惠及更多的地区和人群;学校可以将优秀的体育教师和教练员的培训经验传播给更多的学校;家庭可以将体育运动的乐趣传递给孩子,培养他们的终身运动习惯。通过共享成果,可以实现青少年体育事业的可持续发展,为国家和社会培养更多的优秀运动员和人才。

第三节　青少年体育治理研究的原则及构建重点

一、青少年体育治理研究的原则

(一)以人为本原则

以人为本是一个重要的治理理念,它强调尊重人的价值和尊严,注重人的全面发展。青少年是国家的未来,他们的身心健康直接影响到国家和民族的未来发展。以人为本是科学发展观的核心要义,也是青少年体育治理的根本原则。因此在青少年体育治理过程中,要坚持以青少年为中心,关注青少年的需求和发展,为青少年提供全面的、多样化的体育服务。只有尊重青少年的主体地位,关注他们的发展需求,满足他们的合理期望,保障他们的基本权益,促进他们的全面发展,才能有效地进行青少年体育治理,培养出一批身心健康、综合素质全面发展的优秀人才。

(二)公平原则

公平原则是指在各种情况下,所有人都应被平等对待,享有相同的权利和机会。在青少年体育治理中,所有参与者都应该有平等的机会参加比赛,所有的规则都应该对所有人公平适用,所有的结果都应公正的决定。公平是体育的核心价值之一,它对于青少年的成长和发展有着重要的影响。在青少年体育治理过程中,要坚持公平原则,保障每一个青少年都能享有平等的体育资源和服务,消除各种形式的歧视和不公现象。体育管理部门应该在比赛中实行公正的规则和裁判,确保每位青少年都有公平的比赛机会。

(三)预防为主原则

预防为主是医疗卫生工作的基本原则,也是青少年体育治理的重要原则。在青少年体育治理过程中,要坚持预防为主原则,加强对青少年体质健康的监测和评估,及时发现和解决青少年身体健康问题。注重预防问题的发生,通过加强制度建设、完善管理措施、提高教育水平等手段,降低风险,减少事故,确保青少年体育事业的健康、稳定发展。各级体育部门应建立健全青少年体育安全管理制度,加强对青少年体育活动的监管,及时排查安全隐患,同时要加强对青少年体育服务的管理,提高服务质量。学校和家庭应加强青少年体育健康教育,普及运动损伤预防知识,加强青少年主动参加体育运动的意识。除了身体健康外,还要更多地关心青少年的心理健康水平,帮助他们树立正确的世界观、人生观和价值观。

(四)依法治理原则

在青少年体育治理过程中,要坚持依法治理的重要原则,制定和完善相关法律法规,规范和保障青少年体育活动的开展。

(五)育人原则

育人原则是青少年体育治理体系构建的重要原则。青少年体育治理的最终目的不仅仅是增强个人素质,而是把体育与国家民族的命运结合起来,强健青少年的体魄,振奋青少年的精神。在培养全面发展的竞技体育后备人才的同时,充分发挥他们的榜样作用,带动广大青少年积极参加体育活动,大力推动国家阳光体育运动的发展,全面培养青少年的体育兴趣爱好和终身体育锻炼的习惯。

(六)可行性原则

构建青少年体育治理体系要结合我国的实际国情,要根据我国青少年体育发展的现状和实际而定。既要继承历史的优秀传统,又要摒弃陈旧的观念和做法;既要学习和借鉴国外成功经验,又要与我国的具体国情相结合。青少年体育治理体系的构建是一个循序渐进的过程,不能脱离现实情况,更不能超越当前现实情况,而是要在科学分析社会发展形势和趋势下,做出可行的决策选择和战略部署。要切实结合我国当前的青少年体育事业发展需求和社会发展环境,制定符合我国当前青少年体育治理的规划和计划。

(七)系统性原则

系统性原则是指构建青少年体育治理体系的过程中,无论是体育系统还是教育系统,都要保持系统整体效果,保证青少年体育治理体系目标的一致性。教育部门应当尽可能为青少年人才培养提供有机保障,有效调配学校教育资源,加大体育教育的投入力度。体育部门要结合当前青少年竞技体育后备人才培养的契机和需求,加强各级体校、体工队、体育俱乐部青少年后备人才的文化课学习和综合素质培养。两个部门要按照统一部署、分工协作、各尽其责的指导方针构建青少年体育治理体系。

二、青少年体育治理研究构建的重点

青少年体育治理体系的构建重点在学校,在青少年成长的基础阶段,学校教育主要是用来帮助青少年养成学习习惯、传授学习方法、培养世界观、人生观和价值观的。青少年在学校教育阶段学习的运动技能和养成的运动习惯,可以伴随终身。

(一)青少年体育治理特征

1.整体性

整体性即在宏观上把握青少年治理体系构建全局,通盘考虑多元治理主体,充分发挥各治理主体的作用,使各治理主体形成合力,共同为构建青少年体育治理体系贡献力量。青少年体育治理要贯彻青少年人才培养的全过程,不能随着升学、就业而中断,只有系统地、整体地构建青少年体育治理体系才能综合地、全面地培养青少年德智体美劳的综合素质发展。青少年体育治理是一个漫长而复杂的过程,将青少年体育治理贯彻到青少年成长的各个环节,把整个培养过程视作一个整体,解决青少年成长过程中的各种问题,才能取得良好的治理效果。

2. 多样性

多样性更多地体现在青少年体育治理模式上,因为体育部门和教育部门在人才培养的目标、方式、方法上都有差异,各系统会根据自己的实际情况对青少年进行培养,并倾向选择有利于自身发展的模式进行青少年体育治理工作。要想持续开展青少年体育治理工作,在当前阶段不能僵硬地实现两个系统之间的硬统一,而多样性发展可以为青少年体育治理工作打开创新的空间,体现"和而不同"的和谐思想。

3. 适用性

青少年体育治理研究的适用性是指该项研究的实践意义,要求体育管理者、一线工作者能够运用青少年体育治理方法指导实践工作、适用实践工作。青少年体育治理研究要强调理论与实践相结合,既要注重在实践中总结和提炼理论,又要注意研究的理论能否应用于实践,指导实践工作开展。

4. 阶段性

青少年体育治理工作是动态变化的,新问题、新现象层出不穷。青少年体育治理是一个新兴的理论,如何根据我国当前阶段的国情,建立科学合理的青少年体育治理制度、方式与方法,使青少年体育治理行为制度化、规范化、做到有章可循、有规可循,是一个不断实践、探索、分析和总结的过程。

(二)青少年体育治理主体的构建

青少年体育治理工作要以政府部门为主导,充分发挥学校、家庭、社会组织、体校、体育教师和教练员等参与主体的作用。

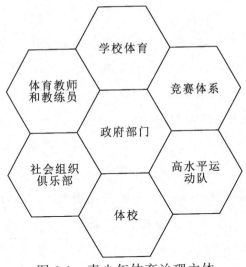

图 2-1　青少年体育治理主体

1. 政府部门

政府部门是青少年体育治理的主体之一,负责制定和实施有关青少年体育治理的政策、法规和规划,对青少年体育事业进行宏观调控和监督管理。同时,政府部门还要加大对农村、贫困地区和特殊群体的扶持力度,确保这些地区和群体的青少年能够享受到优质的体育资源和服务。

2. 学校

学校是青少年体育治理的主体之一,负责组织和管理学校的体育教学、训练和竞赛活动。学校应落实健康第一的指导思想,开齐开足体育课,加强对体育教师队伍的建设和管理,提高教师的教育教学水平和能力。此外,学校还要积极开展丰富多彩的校园体育活动,营造良好的校园体育氛围。

3. 家庭

家庭是青少年体育治理的主体之一,家长要关注孩子的身心健康发展,积极参与孩子的体育锻炼和竞赛活动。同时要树立正确的教育观念,不要过分追求孩子的成绩和荣誉,而要注重培养孩子的兴趣爱好和提高综合素质。

4.社会组织和企业

社会组织和企业是青少年体育治理的重要主体,要积极参与和支持青少年体育事业的发展。社会组织要加强对青少年体育项目的建设和推广,为青少年提供更多的锻炼机会和平台。企业要承担社会责任,通过赞助、捐赠等方式支持青少年体育事业的发展。

5.体校

体校是专门培养青少年竞技体育后备人才的地方,通过专业的训练和教育,选拔出优秀的运动员,为国家队输送人才。随着社会经济发展,家庭观念转变,产生了体校生源减少、学训矛盾突出等问题。在社会治理共同体视域下,体校要积极推动自身改革,发挥培养青少年竞技体育后备人才的作用。

6.体育教师和教练员

青少年体育治理政策的落地和实施,最终要落实到"人"的头上,体育教师和教练员作为青少年体育治理的具体执行者,他们对政策的贯彻落实以及自身素质水平的高低,对青少年体育治理工作的成败起着至关重要的作用。作为青少年体育治理的主体角色之一,应加强体育教师和教练员能力建设、完善体育教师教练员监督评价体系。

三、构建青少年体育治理的过程评价体系

青少年体育治理政策的制定、过程的实施都需要建立一个科学的评价监督体系,它是提升青少年体育治理效果的关键。评价体系应包括的内容有:一是对政策制定的科学性、合理性进行评价,评价其是否科学并具有较强的可操作性和执行性,各地区是否结合地区特色和实际情况制定配套的政策措施等;二是对各治理主体的责任落实进行评价,包括六个方面:(1)学校评价学生是否坚持贯彻健康第一的教育理念、体育课程设置是否合理符合规定、是否营造了良好的校园体育文化,开展丰富多彩的业余竞赛活动、学生体质健康测试情况、是否逐步提高学生的体质水平等;(2)竞赛体系治理要评价竞赛体制机制完善情况、体和教之间竞赛壁

垒是否逐步消除等;(3)高校高水平运动队要评价体教两个系统联合办队情况、高水平运动队招生项目设置、布局情况等;(4)体校要评价体校的招生、人才输送、与中小学合作情况等;(5)青少年体育俱乐部要评价青少年体育俱乐部竞赛、训练和培训体系建设、落实相关税收政策等情况;(6)体育教师和教练员队伍建设要评价教师和教练员队伍培训、岗位聘任、职称评定以及职业发展情况等。通过建立相关的评价体系,可以更好地发现问题、改进工作,不断提高青少年体育治理的水平。

第三章　学校体育治理研究

第一节　学校体育治理发展综述

体育是社会发展和人类进步的重要标志,是综合国力和社会文明的重要体现。学校体育不仅是学校教育活动的一部分,还是学校教育体系中不可或缺的一环。学校是青少年活动的最主要场所,通过学校体育治理,可以促进青少年学生积极参与体育运动和活动,在学校进行体育锻炼和业余训练,增强身体素质、健康意识和自信心,同时也能培养他们的吃苦耐劳的意志品质以及合作精神、竞争意识和团队协作的能力。近年来,我国学校体育得到了较为广泛的重视和发展,政府将学校体育纳入国家基础教育计划,出台了一系列促进学校体育发展的政策措施,包括树立健康第一的指导思想、促进体育法改革、体教融合、双减等等。同时,学校和社会体育组织、俱乐部等积极展开合作,社会力量也加强了对学校体育的投入和支持,推动学校体育的发展。

一、学校体育治理的内涵及发展

(一)学校体育治理的内涵

学校体育治理是指通过制定和实施一系列政策、规划、组织、协调、监督等手段,对学校体育工作进行全面、系统的管理与服务,以实现学校体育治理目标的过程。是政府及相关部门、学校、社会体育组织、大众等多元管理主体或经营学校事务的多种方式的综合[①]。它包括六个方面:(1)制定学校体育发展规划,明确学校体育教育的目标、任务、原则和策略,为学校体育教育提供指导;(2)建立健全学校体育组织体系,设立专门的体育管理部门,配备专职或兼职的体育教师和管理人员,形成有效的管理机制;(3)制定学校体育课程标准和教学大纲,保证学校体育教育的质量,满足学生的发展需求;(4)开展学校体育教育活动,组织丰富多样的体育课程、课外活动和竞赛,培养学生的体育兴趣和能力;(5)加强学校体育基础设施建设,为青少年学生创造一个安全、良好的运动环境,提供相对健全的运动设施和器材,保障学生的体育锻炼的基本需求;(6)开展学校体育科学研究,研究学校体育教育的规律、方法和评价体系,不断提高教育质量;(7)加强学校体育文化建设,培育积极向上的体育精神和文化氛围,促进学生全面发展。

(二)学校体育治理的关注热点

1.更加注重学生个体差异和发展需求

新时代的青少年可以接触到更多的新鲜事物,他们比以往的青少年学生思想更加开放,多样化特点鲜明。所以新时代学校体育治理要注重以学生为中心,关注学生的身心健康的同时更要充分尊重青少年学生的个性发展,提供个性化的体育教育服务。

2.更加重视家校合作和社会支持

青少年体质健康问题,是一个复杂且长期的社会问题。因此学校体育治理要注重与家庭沟通,获得社会力量支持,加强与家庭、社会的合作,共同推进学校体育事业的发展,促进青少年身心健康的成长。

3.更加注重科学教育和创新实践

随着现代信息技术的发展,学校体育治理的发展也离不开科学技术

---

① 刘鼎泰.新时代我国学校体育治理的经验审视与创新路径研究[D].阜阳师范大学,2022.

的支持。运用现代科技手段和方法,可以持续关注青少年的体质健康情况,能够为学校体育教学的过程性考核提供参考依据,能够更加准确地监测学生体质健康现状,做出评估并制定具有针对性的体育教学计划。

4. 更加关注体育师资队伍建设

体育教师是学校体育治理过程中的最主要执行者,体育教师的素质发展和职业技能提升是学校体育治理成败的关键因素,加强体育教师的专业培训和发展,提高教师的教育教学水平才能承担学校体育治理的重担。

5. 更加强调体育教育与德育、智育、美育和劳动教育的融合

学校体育教育要积极贯彻五育并举的教育方针,实现全面素质教育的目标,培养德智体美劳全面发展的人才。

二、学校体育治理的特点

(一)综合性

学校体育治理具有较强的综合性,主要表现在:在治理体制方面,包括校外、校内体育治理体制;在治理对象方面,包括学生治理、教师治理以及体育设施、资源治理;在时间跨度方面,包括小、中、大学体育治理;在活动形式方面,包括体育课堂教学治理和课外体育活动治理等。

(二)阶段性

学校体育治理的阶段性主要表现在教学内容和教学目标的阶段性。根据学生身心发展规律和特点在不同的教学阶段安排与之适应的教学内容,在小学阶段体育教学内容以体育游戏为主,激发学生参与体育活动的兴趣;中学阶段以传授体育基本知识和运动技能为主,促进学生体育素质的全面发展,为学生终身体育奠定基础;大学阶段的学校体育以较为系统专业的体育知识和运动技能教学为主,进一步巩固和提高学生的运动能力,发展终身体育意识。

（三）人本性

学校体育治理要坚持以人为本和以学生为本，在体育治理过程中始终以学生为中心，满足学生的个性发展需求。根据学生的先天身体条件以及后天的运动技能习得情况，制订不同的学习、训练计划，分层次提供展现的舞台，做到因材施教。此外，除了关注学生之外，学校体育治理也应关心体育教师的切身利益，维护教师的合法权益，能够让体育教师放开手脚，放心大胆地开展体育教学和运动训练工作。

三、学校体育在青少年体育治理中的角色和责任

（一）学校体育在青少年体育治理中的角色

学校体育治理要对学校体育活动进行有效管理和规范，开展促进学生身心健康发展的一系列工作。截至 2020 年，全国大中小学在校生共2.4 亿人[①]，可见学校是培养青少年的主阵地，在培养青少年身心发展方面学校具有至关重要的作用，甚至有些时候可以起到决定性作用。而学校体育在德育、智育、美育和心理健康教育等方面都扮演着重要的角色。

1. 学校体育与德育

德育是指对学生的道德教育，道德是人们在共同生活中应当遵守的行为准则与规范，道德教育则是帮助受教育者养成这些行为准则和规范的学习过程。学校体育本身就是一个德育的过程，在学校体育实践活动中，学生在运动技能学习的过程中表达自我、与同伴交往、与对手竞争都会面临抉择，困境与压力，其本身就是一种道德实践，这些在学校体育学习、竞赛中遇到的问题在以后的工作和生活中都会经常出现。英国著名的伊顿公学曾发布过这样一段话："学会赢，也学会输；学会领导，也学会被领导；学会做极致的自己，也学会做团队的一员；学会什么时候去奋争，

---

① 全国教育事业发展简明统计分析,2020.

也学会什么时候去承认失败。这些，都是人之为人的必修课。"由此观之，学校体育是培养学生成长成才的必修课。

2. 学校体育与智育

学校智育是指学校教育体系中通过各种智力活动进行的教育活动。它包括课堂教学、课外阅读、实验操作、思维训练等多种形式，旨在培养学生的智力素质、创新能力、批判性思维和解决问题的能力。学校体育与智育是教育体系的两个重要组成部分，它们在学生的成长过程中起着非常重要的作用。然而在过去的一段时间里，人们对学校体育与智育的关注往往存在一定的偏颇，过分强调智育而忽视了体育。这种现象不仅影响了学生的身心健康，也不利于培养全面发展的人才。体育与智育并不冲突，体育锻炼可以促进学生的认知发展。适度的运动可以提高大脑的血流量，增强神经元之间的连接，从而提高学生的记忆力、注意力和思维能力。另外，体育锻炼有助于培养学生的团队精神和合作意识。在集体项目中，学生需要相互协作、共同进退，这有助于培养他们的团队意识和沟通能力。体育锻炼还可以培养学生的意志品质和抗挫折能力，在面对困难和挑战时，坚持锻炼的学生往往能够更好地调整心态，积极应对。

3. 学校体育与美育

美育又称美感教育或审美教育，是指通过艺术教育手段，培养学生的审美情趣、人文素养和创造力的活动。美育是一种关于人格养成和灵魂塑造的教育，渗透于教育各个学科。学校体育中的美育元素不同于美术和音乐能够给学生带来视觉和听觉上美的欣赏和享受，而是能够通过体育锻炼塑造形体美，通过运动技能的形成过程以及运动竞赛塑造运动参与的内在美，如在篮球运动中乔丹、科比的后仰跳投让很多球迷都感受到篮球运动中的美感。体育中美育的表现形式见表3-1。

表 3-1　体育中美育的表现形式

美育类型	学校体育中的美育表现形式
身体形体美	身体协调、比例匀称的形体美 威武挺拔、形体矫健的姿态美 身体灵敏、跑跳舒展的身体素质美
身体运动美	悬念重生、进展刺激的比赛竞技美 训练有素、动作娴熟的运动技术美 变化莫测、出其不意的运动战术美 放松精神、娱乐身心的休闲娱乐美
心灵内在美	宁失一分、保护对手的道德情操美 团结协作、奋勇拼搏的集体荣誉美 顽强刻苦、坚毅勇敢的意志品质美

学生在参加学校体育教学、训练和竞赛过程中会体验和感受到不同形式的美,其不仅能够提升学生的审美素质,还能潜移默化地影响学生的情感、气质,激励人的精神,温润人的心灵。

4.学校体育与心理教育

心理健康教育是指通过心理学原理和方法,对学生进行心理健康知识普及、心理品质培养、心理问题干预等教育活动。学校体育不仅要以提高学生的身体健康水平为目标,还要关心、关注学生的心理需求,通过体育课程思想、运动训练帮助学生树立正确的世界观、人生观和价值观,提高心理素质,预防心理问题的发生。心理教育的手段多种多样,体育是其中的重要手段之一。毛泽东在《体育之研究》中写道:"故夫体育非他,养乎吾生,乐乎吾心而已。[1]"这里的"乐乎吾心"就是体育促进心理健康的教育价值。学校体育有助于提高学生的身体素质,增强抵抗力,从而降低患病风险;同时,良好的心理状态有助于学生更好地参与体育锻炼,增强运动效果。心理健康教育可以帮助学生认识和解决心理问题,使体育锻炼更加健康、科学。学校体育为心理健康教育提供了丰富的实践载体,让学生在运动中体验成功、挫折、合作与竞争等情感,培养学生的抗挫折能力和团队精神;心理健康教育则为学校体育提供科学的指导原则,帮助体

---

[1]　毛泽东.体育之研究[M].北京:人民体育出版社,1979.

育教师和学生了解体育锻炼对心理健康的促进作用和机制,制订合理的教学计划和训练方法。体育中心理教育的表现形式见表3-2。

表3-2 体育中心理教育的表现形式

心理教育的类型	学校体育中的心理教育表现形式
个体意志品质	在陌生环境中能独立自信 在困境中能果断抉择 在身处逆境时能坚持不懈
团队合作意识	参与活动时,同伴间彼此协作 面对困难时,同伴间相互帮助 团队活动时,同伴间相互配合
情绪调节能力	在体育竞赛中承受失败压力 在复杂活动中克制焦虑情绪 在擅长活动中避免骄傲自满

(二)学校体育在青少年体育治理中的责任

开展学校体育治理工作是青少年体育治理的首要任务,是青少年体育治理共同体建设的重要一环。学校在青少年体育治理中的责任是多元化的,既要发挥教育引导的作用,又要承担规则制定、资源整合等重要职责。学校是青少年的主要学习场所,通过体育课程的开展,培养青少年学生的运动兴趣和体育锻炼习惯,提高广大青少年的身体、心理健康水平。此外,学校还可以通过开展丰富多元的体育活动、运动竞赛传播竞技体育精神,培养学生的团队精神和竞争意识。同时学校作为教育行政管理机构,需要制定合理的体育规划,包括课程设置、教学计划安排、评价标准等,以保证学生的体育活动得到有效的组织和管理。学校还要鼓励体育组织部门、体育教师参与制定和完善青少年体育活动的规章制度,共同制定促进青少年健康发展的规则,确保体育活动的公平、公正和安全,通过开展丰富多彩的校内外体育竞赛活动,鼓励和支持学生参与体育活动,激发学生的运动热情。学校要逐步提高体育在学校教育中的地位,增加体育经费投入,设立体育专项经费,主动进行资源整合,利用自身的教育资源,如体育设施、教师队伍等,为学生提供丰富多样的体育活动机会。要严格对青少年体质健康进行监测,通过定期的健康监测和体质健康测试,了解学生的身体状况,及时发现和处理健康问题。学校需要与家长和社会保持良好的沟通和合作,共同推动青少年体育的发展。例如,可以邀请家长参加学校的体育活动,或者与社区的体育组织合作,共同举办各种体育活动。

四、学校体育治理体制

治理体制是学校实现体育治理、完成体育教学、训练等任务而设置的机构,是实现学校体育总目标、确保学校体育工作正常运行的重要依托。学校体育治理体制包括校外和校内两个方面,校外主要由政府机构和社会管理机构构成,校内则由校内相关人员和部门负责。

(一)校外学校体育治理体制

政府负责学校体育治理的机构由教育行政部门和体育行政部门组成。教育行政机构包括教育部(体育卫生与艺术教育司)、各省(区)、直辖市教育厅(体育卫生与艺术教育处)以及各地市、县(区)教育局(体育卫生与艺术教育科或基教科),主要职责是制定学校体育工作政策、方针,组织协调大中小学的体育竞赛;规划指导学校体育教材建设、监督和支持学校高水平运动队和体育专业建设,开展专业师资力量培训等。体育行政部门主要职责是负责体育工作方针、政策的制定和落实;指导学校高水平运动队训练,组织开展体育竞赛活动等。详见图3-1。

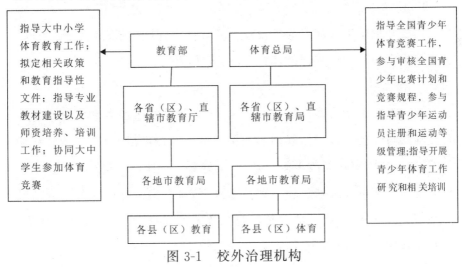

图3-1　校外治理机构

(二)校内学校体育治理体制

学校内部的体育治理基本是由校领导总管、学校体育工作部门具体执行。

1. 校领导

学校专门指定一名校长或副校长专门负责学校体育工作的总体规划和布局。根据上级要求并结合学校实际,提出开展学校体育工作的总体规划,指导学校体育工作部门制订学校体育工作长期规划和年度计划等;设计安排和部署学校体育工作任务;检查和督导学校体育工作开展情况等。

2. 体育部、室

学校体育工作部门包括体育部(室、组)是学校体育工作的具体执行机构。根据上级要求和领导工作安排制订学校体育工作的计划和有关规章制度,提出学校体育发展建议;拟定学校体育课程建设方案、落实体育教学任务,开展学生体测工作;开展业余体育训练、组织参加校内外体育竞赛和课余体育活动;制定体育教学学习培训计划、加强体育场地建设及管理等工作。

3. 团委、学生工作处

团委和学生工作处指导学校学生体育社团、俱乐部和协会建设工作,负责指导学生社团组织课外体育活动、竞赛等实施。

4. 体育教师

体育教师是学校体育工作一线人员,是具体的组织者和实施者。体育教师参与学校体育工作规划和相关政策规章制度的制订;深入钻研教材、不断更新知识从而改进教学教法,上好每一堂课,保障教学质量,切实提升青少年学生身体素质和心理健康水平;认真组织开展课外体育活动竞赛、积极搞好学生运动员竞技体育训练工作;积极参加职业技能培训,切实提升教育教学和职业技能水平。

5.学生体育社团、协会

学生体育社团、协会是学生根据自己兴趣爱好自发组织参与的集体组织,并充分发挥学生的力量举办丰富多彩的体育活动、竞赛,同时积极宣传体育工作,吸收和接纳更多的学生加入体育社团、协会。

第二节　学校体育治理的目标

学校体育治理的目标是指学校体育治理所要达到的一种状态和结果。学校体育治理要依据国家教育方针政策,确定学校教育目标、学校体育目标、体育功能及其发展。进行学校体育治理要充分发挥治理的职能,合理调控各种体育资源,最大化发挥学校体育资源的效用,实现学校体育治理的总目标和各级具体目标[①]。学校体育治理的总目标可总结为树立学生健康第一的指导思想、增强学生体质、促进学生身心健康发展,培养学生的终身体育意识及终身体育能力,促进其成为德、智、体、美、劳综合素质全面发展的社会主义事业建设者和接班人。治理目标是学校体育治理的行动指南和根本遵循,推动学校体育治理应有大局观。要注重学校体育治理目标与国家治理现代化的融合,遵循国家教育方针政策的总体战略布局,提高学校体育在体育强国、教育强国和健康中国建设中的地位。学校体育治理应聚焦现实,有效解决地区之间学校体育发展以及学校内部体育教育与其他教育发展不平衡不充分问题[②]。面对当前的"体教融合""双减""体育进高考"等热点问题,学校体育治理应有针对性地开展治理过程,运用系统思维和整体观念全面协调多元治理主体之间的关系,统筹学校体育各方之间利益主体关系,聚焦热点问题有针对性地推进学校体育治理工作。

---

① 肖林鹏.现代体育管理[M].北京:北京体育大学出版社,2005:227-228.
② 徐上斐,胡海建,王强.新时代学校体育治理现代化的应然特征、现实困境与路径选择[J].沈阳体育学院学报,2022(5):42-47.

一、学校体育治理目标

(一)促进学生身心健康发展

青少年体质健康是一个全球性的问题,各国的情况都有所不同。在我国由于教育压力大、课业负担重,以及电子产品的普及等,青少年的体质健康状况存在诸多问题。

1.肥胖问题

随着生活水平的提高,青少年的饮食结构和习惯发生了变化,高热量、高脂肪的食物摄入量增加,加上缺乏运动,导致肥胖问题日益严重。

2.视力问题

长时间使用电子产品,如手机、电脑、平板等,对眼睛的伤害很大,导致青少年近视率逐年上升。

3.运动不足

缺乏运动是导致青少年体质逐年下降的重要因素之一,由于学业压力大,许多青少年的运动时间被挤压,缺乏足够的体育锻炼时间。

4.心理压力大

现在大多家庭条件优越,孩子很少遭遇逆境。入学后学习压力、人际关系等问题,使得一些青少年出现心理问题,影响身体健康。因此学校体育治理的首要目标是通过开展各种体育活动,增强学生身体素质,养成良好健康生活习惯,协调身心的平衡发展。

青少年体质问题看似影响的是学生个体,实则关系到一个国家和民族整体的发展。青少年的大部分时光都是在学校度过,学校体育对促进青少年身心健康发展具有重要的意义和作用,所以学校要打破应试教育的枷锁,切实把健康第一作为学校教育的指导思想,为青少年终身体育创造良好的校园文化氛围。

(二)完善学校体育制度建设

制度又称法令、法规、条例等,制度建设要随着国家方针政策的变化而变化,不断修订有关的法规和条例。建立健全学校体育治理的制度体系,包括政策法规、管理制度、考核评价制度等,确保学校体育工作的规范化、制度化。学校体育治理逐步由"人治"向"法治"转变,学校要进一步完善学校体育制度体系,使其更具有可操作性。由于我国各地区、各学校之间存在较大差异,有关学校体育的政策法规文件只是从宏观层面上做了规定,各级教育行政管理部门和学校还应结合本地区和学校的实际情况,出台相应政策,完善学校制度,使学校体育治理工作更具有可操作性。

(三)优化资源配置提高资源利用效率

学校体育资源包括人力资源、经费、场地与器材等方面。要充分利用现有资源,整合各类体育项目,优化资源配置,提高资源利用效率,包括师资队伍建设、场地设施建设、器材设备配置等方面。学校体育治理需要有一支专业素质高、教育教学能力强的体育教师队伍。要根据学校的规模和需求,合理配置体育教师的数量,确保每个班级都能得到有效的体育教育。同时要关注教师的年龄结构、学历结构和专业结构,提高教师队伍的整体素质。学校要根据实际工作需要,把学校体育经费纳入核定的年度教育预算内,对学校体育经费进行合理、有效的分配和监督,为学校体育事业发展提供经济保障。学校体育场地设施是体育教学的重要保障,要完善学校体育场地设施的建设,确保学生有足够的场地进行体育锻炼。

(四)推进学校体育课程改革提高体育教学水平

学校体育治理的重要内容之一是合理设置体育课程,课程在学校教育中处于核心地位,体育课程是实施素质教育和培养德智体美劳全面发展人才不可或缺的重要途径,"学校体育课程已成为直面人的生命健康、提高生命质量和促进青少年健康成长的主要手段和途径"[①]。根据学生的生理、心理特点和兴趣爱好,结合国家课程标准和地方实际,制定科学、

---

① 沈建华,卢伯春,等.体育课程作为学校健康教育主要载体的思考[J].上海体育学院学报,2011(4):74.

合理的体育课程设置方案。通过对学校体育课程的改革与完善,培养学生对体育运动的兴趣和热爱,培养良好的体育习惯和运动技能,使其从小就具备基本体育知识和技能,为未来的体育发展打下坚实基础。在课程设置上,要注重理论与实践相结合,既要保证学生掌握基本的体育知识,又要注重培养学生的实践能力和运动技能。深化课程改革,构建符合学生发展规律、体现学校特色、培养运动技能的体育课程体系。加强课程实施过程中的教学质量监控,提高课程实效性;探索多元化的教学方法,注重培养学生的兴趣和自主学习能力,提高学生的运动技能水平;如采用情境教学法、合作学习法、游戏教学法等。体育课程实施过程中,要关注学生的个体差异,因材施教。教师要根据学生的兴趣和特长,采用灵活多样的教学方法,激发学生的体育运动兴趣,增强学生主动、积极参与体育活动竞赛的热情。除身体素质培养之外,还要注重培养学生的团队合作精神和竞争意识,通过组织各类体育活动,让学生在实践中学会与人沟通、协作,形成良好的团队精神。

(五)丰富学校体育课外活动加强体育文化建设

开展丰富多彩的课外体育活动,如运动会、趣味运动会、社团活动等,提高学生的参与度和体验感。同时,加强与家庭、社会的联系,形成学校、家庭、社会共同参与的体育教育格局。

(1)学校要注重培养学生的体育精神,弘扬中华民族的优秀传统体育文化。通过开展丰富多彩、形式多样的体育竞赛活动、组织活动,让学生了解各种体育项目的历史和文化内涵;通过组织观看体育比赛、参加体育表演等活动,培养学生的民族自豪感和集体荣誉感。

(2)学校要努力营造浓厚的校园体育氛围,使学生在轻松愉快的环境中进行体育锻炼。可以通过举办各类体育节、运动会等活动,增强学生的体育意识;通过加强宣传报道,展示学校的体育成果;通过与社会体育组织的合作与交流,拓宽学生的体育视野。

(3)学校要加强对学生体育锻炼的组织与管理,确保学生每天有足够的时间进行体育锻炼。可以通过开展"阳光体育运动""大课间"等活动,丰富学生的体育锻炼内容;通过制定科学的锻炼计划,引导学生科学合理地进行体育锻炼;通过加强对学生锻炼过程的指导与监督,提高学生的锻炼效果。

(4)学校要积极组织各类体育竞赛活动,激发学生的运动兴趣和竞技精神。可以举办校级、市级、省级等不同层次的体育竞赛活动,让学生在不同层次的比赛中展示自己的才能;可以组织校内外的友谊赛、联谊赛等活动,增进学生之间的交流与合作;可以通过竞赛成绩的评定与奖励,激发学生的积极性和进取心。

(六)构建学校体育评价指标体系

建立健全学校体育评价体系,将学生的体质健康水平纳入综合评价体系,形成科学、合理、公正的评价机制并且加强对体育教师的体育课堂评价,提高体育教师的教学能力和教学水平。建设评价体系的过程中首先要注重多元化评价,在实施学校体育治理评价时,要充分考虑学生的个性差异和发展潜力,采用多种评价方法,如自评、互评、师评等,以全面了解学生的发展状况。同时要关注学生在不同学科领域的表现,实现综合评价。其次,强化过程性评价,过程性评价是指在教育教学过程中对学生学习进度、学习方法、学习态度等方面进行的评价。通过过程性评价,可以及时发现学生的学习问题,指导教师调整教学策略,提高教学质量。因此,要在体育教育中加大过程性评价的实施力度。再次,拓展社会参与度,学校体育治理评价不仅要关注校内的评价工作,还要积极引入社会力量,拓宽评价渠道。可以通过家长会、社区调查等方式了解学生在校外的运动表现和社会适应能力,为学校体育教育评价提供更全面的参考依据。最后,利用现代信息技术手段,借助现代信息技术手段,如运动 App、运动手环等,对学生体育锻炼过程深度挖掘和分析,为学校体育教育决策提供科学依据。

二、实现学校体育治理目标的基本要求

(一)坚持立德树人根本任务

体育教育本身就是一种德育教育,要充分发挥以体育人的优势,把立

德树人的根本任务贯穿于学校体育治理工作的全过程之中。中国古语有云："习武先习德，学艺先学礼"，便是体育中德育价值的直接体现。

(二)坚持面向全体学生

学校体育治理要面向全体学生，而不是面向少数"特长生"的教育。因此，学校体育治理目标的实现必须把全体学生作为治理对象。2020年《关于深化体教融合促进青少年健康发展的意见》中明确学校体育工作要面向全体学生，开足开齐体育课，使每一位学生享有到均等接受体育教育的机会。

(三)坚持课内与课外有效衔接

课内教学和课外体育活动是实现体育治理目标的两个主要着手点，共同确保学校体育治理目标的实现。在传统体育教学中，学校和教师更多地关注学生的课堂教学上，忽视了学生课外体育活动的监督和管理。而体育运动技能的形成需要反复练习形成肌肉动力定型，这仅仅依靠课内教学是远远不够的，因此体育也应像其他学科一样布置课外体育作业，鼓励监督学生积极参加课外体育活动和竞赛，将学生的课外体育锻炼时间同课堂教学一样同等对待，使二者实现有效的衔接。

(四)加强体育师资队伍建设

体育教师是学校体育治理工作的具体实施者，建设优秀的体育教师队伍是实现学校体育治理目标的关键所在。学校体育要从体育教师队伍数量、治理、结构上完善师资队伍建设，加大在职教师培训力度，提高体育教师职业、社会地位和薪资待遇水平，积极探索退役运动员进校担任专职、兼职体育教师的模式，不断加强体育教师师资队伍建设。

(五)为学生创建良好的校园环境

学校体育教育环境主要分为硬件环境和软件环境。其中硬件环境主要包括场地、器材等；软件环境则是由体育文化、运动竞赛氛围构成。学校的硬件设施条件应尽量满足学生的不同运动需求，尤其是篮球、足球、排球、乒乓球、羽毛球、网球等受众范围广的传统项目。在资金不足的情况下，学校也可以根据实际情况因地制宜、因陋就简地开展硬件设施建设。对于软件环境的建设，学校要积极开展相对稳定的体育文化节，打造学校特色体育项目。

(六)加强学校体育科学研究

要提高学校体育治理目标的效率,就要探索创新学校体育治理工作,而创新始于研究。因此,要实现学校体育治理目标必须强化学校体育科学研究,尤其是发挥高校的科研优势和一线体育教师的实践研究。其中高校教师或科研人员主要是在宏观层面探索学校体育治理的规律和路径;而一线体育教师则更多地关注体育课程的教学设计,创新教学方法等实践性较强的问题。科研反哺教学,实践教学提升科研的融合是学校体育科研未来发展的趋势。

第三节　学校体育治理建设路径探索

针对青少年体质健康情况和"体教融合""双减"等文件精神,学校体育治理主要从价值目标、资源分配、体制机制、体育课程、课外体育活动、课外体育竞赛以及学生运动员竞技训练等方面,通过优化整合学校优质体育资源,实现学校体育治理共同体建设。

一、深入落实健康第一的教育理念,增强学校体育功能

学校体育的功能不能仅仅停留在提高学生身体健康的层面上,要深刻领悟和发挥健康第一教育理念的内涵,充分发挥以体育人的教育功能,提升学生身体、心理、社会适应等综合健康水平。一直以来学校体育的中心工作都集中在体育教学上,而忽略了课余体育活动、体育社团、体育俱乐部活动、业余体育训练以及各类体育竞赛等校园体育活动开展情况。因此政府要加强对学校体育工作的监督管理,将学校体育工作纳入地方政府教育发展规划之中,深入落实健康第一教育理念,将其融入学校体育的各个方面;面向全体学生,开齐开足体育课,开展课外体育活动,加强体育课程改革,提高体育教学质量,激发青少年学生参与体育锻炼和体育竞赛活动的热情;加强政策引导,发挥学校体育治理主导权,改变学校在体

育治理的末端地位,让学校成为体育治理的主体之一。在体育课程改革过程中,要将学生心理健康、运动技能提升,体育意识培养、社会适应能力提高等放在同等重要地位。不断更新、改革学校体育课程标准、考核方案等,达到以体育人的目的。制定学生基础体育课程与专项运动选项课程实施办法,大力推广田径、足篮排三大球、游泳、武术等运动项目,提高教学质量和学生运动技能。开展丰富多彩的课余训练、竞赛活动,扩大校内、校际体育比赛覆盖面和参与度,组织冬夏令营等选拔性竞赛活动。大中小学校在广泛开展校内竞赛活动基础上建设学校代表队,参加区域内乃至全国联赛。对学校体育发展情况优异的学校,教育部门和体育部门应在教师、教练员培训等方面予以适当激励。鼓励高校全面建立足球、篮球、排球等集体球类项目的高水平运动队伍,鼓励中学建立足球、篮球、排球等学校代表队。

二、丰富学校体育治理组织结构——构建"校、社、家"共同体治理结构

家庭、学校和社会在不同年龄阶段对青少年的体育锻炼起着不同的影响和作用,要构建"家庭、学校、社会"共同参与的现代化学校体育治理共同体模式[①]。在学校体育治理过程中,社会和家庭都发挥着不可忽视的作用,家庭要做好青少年的体育启蒙引导,打破以分数评价孩子优秀与否的标准,树立"健康第一"思想。家长从自身做起,通过家庭体育教育或良好的家庭体育锻炼氛围影响青少年的体育行为。每个家庭都应支持学校体育工作开展,鼓励孩子积极参加学校体育活动,给予学校体育教师、体育工作者更多的理解和包容;学校要充分发挥培养青少年身心健康的主力军作用,开齐开足体育课,通过以体育人逐步提高体育在学校教育中的地位,积极营造良好的体育运动氛围,通过学校体育教学、课内外体育

---

① 孙成林,王健.我国学校体育场地建设效率研究[J].武汉体育学院学报,2020(2):44—52.

活动和竞赛,引导和培养学生对体育锻炼的兴趣;社会组织主要包括以营利为目的组织和公益性的组织,它主要承接家庭和学校体育之外的延伸服务,可以通过合作办学、社会组织参与、社会资金投入、服务购买等方式参与青少年体育治理[①]。学校可以与社会力量合作,通过委托、合作等形式引入社会资源,共同进行学校体育治理。社会力量可以为学校提供专业的教练团队、培训资源和器材设施等支持,促进学校体育水平的提高。社会力量通过政府购买服务等形式进入学校,丰富学校体育活动,对青少年学生进行军训。支持大中小学校成立青少年体育俱乐部,制定体育教师在课外辅导和组织竞赛活动中的课时和工作量计算等补贴政策。

三、进一步完善学校体育治理相关法律体系,使其更具有可操作性

1990 年,国家教委颁布《学校体育工作条例》;1995 年第八届全国人民代表大会常务委员会审议通过《中华人民共和国体育法》;2007 年国务院颁布《中共中央国务院关于加强青少年体育增强青少年体质的意见》;2012 年国务院办公厅转发教育部等部门《关于进一步加强学校体育工作若干意见》的通知;2022 年第十三届全国人民代表大会常务委员会修订了《中华人民共和国体育法》,自 2023 年 1 月 1 日开始实施。

以上政策法规和文件都对学校体育工作做了相关规定与指导,为我国学校体育治理工作的开展提供了政策的保障。但由于我国各个地区之间存在很大的差异性,这些指导性的政策法规文件只是从宏观层面上做了规定,各级教育行政管理部门还应结合本地区的实际情况,出台相应的地方性法规,使学校法规文件具有更强的可操作性。教育部门要会同体育、卫生健康部门加强对学校体育教学、课余训练、竞赛、学生体质健康监测与评估。明确学生、教师和其他相关人员的权利和义务,规定学校体育

① 李加前,刘冬磊,王子朴.基于"善治"理论视角下的我国青少年体育治理研究[J].山东体育学院学报,2021(4):95-101.

活动的组织和治理方式,对学校体育治理工作的法治化进程加大执行和监督力度。这包括设立专门的机构负责处理与学校体育相关的法律事务,定期对学校的体育活动进行检查和评估,对违反法律规定的行为进行处罚。此外,还需要建立一个公正公开的争议解决机制,在学校体育活动中出现争议时,可以及时、公正地解决问题,这可以通过设立独立的仲裁委员会或调解机构来实现。

四、建立符合时代背景的学校体育治理目标体系机制

学校体育治理的目标之一是帮助学生在体育锻炼中享受乐趣、增强体质、健全人格、锤炼意志,实现文明其精神、野蛮其体魄。要实现新时代背景下学校体育治理的目标,最重要的是通过学校内部治理实现五全育人,制定一系列切实可行的量化评价指标体系,在确保开齐开足体育课的同时保障体育课的教学质量。在课余体育活动方面,各学校要根据当地传统特色以及学校实际情况开展丰富多彩的课外体育活动,通过体育协会、社团等为学生提供体育锻炼的平台,创设良好的校园运动氛围,提高学生参与体育运动的主动性和积极性,确保学生每天锻炼时间不少于国家最低标准。在学校体育治理改革中要不断细化各年龄段学生的体育课程目标,使体育课程目标符合各阶段学生身心发展特点。不断细化和改进体育中考的必要性和科学性,探索体育高考的可行性和公平性,逐步加大体育在升学中的比重,同时要注意规避"体育应试教育"的情况。通过顶层设计建立统一、规范的"以体育人"指标,应完善、细化指标体系,使其具有较强的可操作性。通过构建学校"人力、物力、财力"治理共同体,让学校掌握资源分配主动权,使得不同区域和不同发展水平的学校根据自身实际情况灵活使用资源,缓解师资、场地设备不足等突出矛盾。

五、完善学校高质量发展监督考核体系

(一)明确评价标准

为了改进学校体育评价体系,需要明确评价标准。具体而言,应将学

生的体育素质培养作为评价的核心内容,包括运动技能、身体素质、心理素质等方面。此外,还应充分考虑学生的兴趣和特长培养,将个性化发展纳入评价体系。通过明确评价标准,有助于引导学生树立正确的世界观、人生观和价值观,促进学生全面发展。

(二)多样化评价方法

为了全面评价学生的体育素质,应采用多样化的评价方法。在对学生的体育素质进行评价时除了考试成绩外,还应充分考虑课堂表现、体质测试、实际操作能力、团队协作能力等多方面因素。此外,还可以借鉴国内外先进的评价方法,如同伴互评、自我评价等,以提高评价的客观性和科学性。通过多样化的评价方法,有助于全面了解学生的体育素质和发展潜力。

(三)保障评价过程的公正性

为了保障评价过程的公正性,应加强对教师的培训和监督。一方面,要加强对教师的职业道德教育,使其树立正确的教育观念和价值观;另一方面,要加强对教师的评价制度的建设,确保教师在评价过程中遵循公平、公正、公开的原则。此外,还应建立健全学生申诉机制,对于不合理的评价结果进行复核和纠正。通过保障评价过程的公正性,有助于激发学生的学习积极性和自信心。

(四)制定学校体育工作考核指标标准

根据学校工作发展现状,通过对专家访谈,结合我国部分地区学校体育工作开展的高质量考核指标制定了学校体育工作的考核指标。指标具体包括5个一级指标,即学校组织管理工作、体育课程设置与实施、课外体育活动与竞赛、学生体质监测与评价、基础条件建设与保障;一级指标下设19个二级指标,具体指标详见表3-3。

表 3-3 学校体育工作考核评价表

一级指标	二级指标	指标内容
一、组织管理	发展规划	全面贯彻落实党的教育方针和国家、省级各项政策要求，坚持健康第一的教育理念。将体育工作纳入学校长期发展规划，有长期专项发展规划和年度工作计划，思路清晰、目标明确、符合实际。
	机构设置	设置独立的体育工作部门(体育学院、系、部、组)，配备管理干部、专职教师和工作人员，并赋予其统筹开展全校体育工作的各项管理职能。
	领导责任	实行学校领导分管负责制(或体育工作委员会)，每年至少召开两次全校体育工作专题会议，有针对性地解决实际问题。各有关部门积极支持学校体育工作，制定任务书、明确时间表、落实责任人、聚力促发展。
	管理制度	在学校体育改革发展、课程教学、教研科研、竞赛活动、社会服务、运动风险防控等方面制定切实有效的方案或文件，有内部质量监控和反馈机制，制定和实施体育安全管理工作方案，明确责任人，落实责任制。
二、体育课程设置与实施	课时	严格执行国家体育与健康课时规定。 每节体育课须保证一定的运动强度，其中提高学生心肺功能的锻炼内容不得少于30%。课程考核体系结构合理，将反映学生心肺功能的素质锻炼项目作为考试内容，考试分数的权重不得少于30%。每个授课班级学生人数原则上不超过30人。
	课程	依据课程标准组织体育教学，完成教学任务。形成学生全员参与的"一校一品""一校多品"特色体育项目。挖掘民族民间体育资源，充实和丰富体育课程内容。
	课堂教学	教学常规落实到位。教学大纲规范、特色明显，并能结合实际每两年修订一次。教师严格按教学计划授课，有完善的备课制度、详尽规范的教案，有具体的教学督察措施、规范的成绩管理办法等。根据学生的个体差异，运用多种教学方法和手段，充分调动学生的学习积极性和创造性。为病残学生开设保健课。
	体育教研和科研	邀请业内专家或教学名师开展专题讲座。组织体育教研活动。建设高水平教学或研究团队，开展学生体质健康、教学质量、课余训练、体育文化等方面研究，带动学校体育工作整体水平提高。

续表

一级指标	二级指标	指标内容
三、课外体育活动与竞赛	课外体育活动	将课外体育活动纳入学校教学计划,制定覆盖全体学生的课外锻炼方案。
		组织实施面向全体学生的课外体育活动,开展体育、艺术2＋1项目,使80％以上的学生掌握至少2项日常锻炼的体育技能;设置多样化、可选择、有实效的锻炼项目。各二级学院每周至少组织3次课外体育锻炼,切实保证学生每天一小时体育活动时间。
	体育社团或俱乐部	采取鼓励和支持措施定期开展活动,形成良好的校园体育传统和特色,丰富校园文化生活。
	体育竞赛	每年举办2次综合性运动会或体育节、4次以上全校性单项体育比赛。 广泛开展小型多样的班级、年级、院系和校际体育竞赛。
	运动队	组建校级学生体育运动队,开展课余训练并积极参加县(区)、市(州)、省级及以上比赛。
	氛围营造	利用校园网、新媒体、公告栏等形式,宣传、通报学生体育活动情况和健康知识。校级领导干部带头参与学校体育活动。
	服务社会	体育教师积极参加县(区)、市(州)省级以上体育赛事服务工作。
四、学生体质监测与评价	学生体质健康测试制度	建设专门测试室(中心),配备智能化测试仪器。依据《国家学生体质健康标准》每年对全体学生进行测试。学生体质健康测试成绩列入学生档案。编制本校学生体质健康测试年度报告。
		测试成绩达到良好及以上者,方可参加评优与各项评奖。有90％以上的学生达到《国家学生体质健康标准》合格以上等级;40％以上的学生达到《国家学生体质健康标准》良好以上等级,并逐年增长。
		毕业时,学生测试成绩达不到50分者按结业或肄业处理(因病或残疾学生,凭医院证明向学校提出申请并经审核通过后可准予毕业)。
	学生体质健康状况分析研判	向学生反馈测试成绩,总体结果在校内公布。根据学生体质健康状况制定干预措施,视情况采取分类教学、个别辅导等必要措施,指导学生有针对性地进行体育锻炼,切实改进体育工作,提高全体学生体质健康水平。

一级指标	二级指标	指标内容
五、基础条件建设与保障	师资队伍	根据体育课教学、课外体育活动、课余训练竞赛和实施《国家学生体质健康标准》等工作需要,配齐配强专职体育教师。健全体育教师职称评定、岗位聘任和学习进修等制度,教师每年有一次外出培训机会。
		聘请优秀教练员、运动员进校园指导运动队、体育社团活动。
		教师将组织早操、课外体育活动、课余训练、体育竞赛和进行《国家学生体质健康标准》测试等计入教学工作量,保证体育教师与其他学科(专业)教师工作量的计算标准一致,实行同工同酬。
	体育设施	按照教育部《普通高等学校体育场馆设施、器材配备目录》及有关规定规划建设体育设施、配备体育器材,满足学校体育教学、训练、比赛及体育活动需要。
		体育设施在课余和节假日向师生、附近居民免费或优惠开放。

第四章　青少年竞赛体系治理研究

青少年竞赛体系是指青少年体育赛事体系,即以学校体育和竞技体育为主体,以青少年竞赛和群众体育为两翼,以竞技体育后备人才培养为重点,由行政机关、学校、社会等不同主体共同参与,通过赛事体系、学校体系、社会体系的协同发展来构建的具有中国特色的青少年体育竞赛体系。党的十九大报告指出:"深化体教融合,加快推进体育强国建设",体育在实现中华民族伟大复兴的征程中发挥着不可替代的作用,体教融合对建设体育强国和实现中华民族伟大复兴具有重要意义。青少年竞赛体系是体教融合的关键抓手,是青少年体育治理的重要平台,也是体育事业发展的重要基础,它与学校体育、竞技体育互相联系、互相影响。《关于深化体教融合促进青少年健康发展的意见》指出,青少年竞赛体系建设应坚持以人为本,以学校体育为主体,以竞技体育后备人才培养为重点,以学生全面发展为目的,推进学校、家庭和社会共同参与,通过体教融合的方式完善青少年竞赛体系。

第一节　青少年竞赛体系的理论基础

一、青少年竞赛体系的发展概述

(一)初创期和基础发展阶段

中华人民共和国成立初期,我国体育事业百废待兴,青少年体育竞赛体系尚未建立。1952年,我国中央体委(中央人民政府体育运动文化委员会)成立,1954年,在中央体委基础上改称为中华人民共和国体育运动委员会,简称国家体委。随后各地也相应地建立了各级地方的体委,由此,以中央为中心的组织管理体系逐步开始形成。1956 年,国家体委颁布实施了《中华人民共和国运动竞赛制度的暂行规定(草案)》,正式确立了举行全国综合性运动会、单项全国锦标赛等制度,规范了全国运动竞赛的名称、运动竞赛的项目以及竞赛的规程和性质等一系列制度,标志着我国竞赛体制的正式建立。

(二)改革探索阶段

改革开放以来,我国经济迅速发展,人民生活水平不断提高,体育事业也得到了空前的发展。在这一时期,我国开始逐步建立和完善青少年体育竞赛体系。但随着改革开放的发展,我国的政治经济体制不断深入,在原有的体育竞赛管理体制下,暴露了一些问题,存在一些局限性,尤其是体育竞赛的发展和政府之间的财力存在较大的出入。1979 年,我国恢复了奥运会的合法地位,我国的竞技体育赛事体制开始走出国门,走向世界。在这一阶段,备战奥运中心的竞赛体制逐渐开始形成,我国的竞赛体制改革进入探索阶段。1993 年,国家体委颁布了《关于竞赛体制改革》,此次改革的重点是充分发挥国家和社会的积极性,要提高竞赛的管理水平、扩大竞赛的资金来源,激发竞赛管理,打通竞赛的市场,逐步发展竞赛产业。在举办竞赛的同时,要注意社会效益和经济效益并重的原则,加快竞技体育面向市场的进程,使竞赛创造社会效益的同时还能创造经济效益。为减少国家行政干预,并加快各运动协会的实际化改革,政府分别在1993 年、1994 年以及 1997 年对体育管理机构进行了改革,成立了 23 个运动管理中心,此后,我国的体育竞赛体制开始实行分级分类管理。体育主管部门主要负责全国性、综合性的体育赛事,各管理中心负责各单项赛事。1995 年,我国正式通过了《中华人民共和国体育法》,这是我国首部独立的关于体育的立法,为我国体育竞赛的法制化建设提供了坚实的法律保障。

(三)全面发展阶段

进入 21 世纪以来,我国青少年体育竞赛体系得到了进一步发展,基本建立了较为完备的竞赛体系。2003 年,国家体育总局发布了《关于加强青少年体育工作的意见》,明确提出要加强青少年体育竞赛体系建设。此后,各级各类青少年体育竞赛活动更加丰富多样,如全国青少年田径、游泳、跳水锦标赛等。此外,国际性青少年体育赛事在我国逐渐兴起。2014 年国家体育总局发布了《关于推进体育赛事审批制度改革的若干意见》,对我国的体育赛制的审批流程做出了具体要求,要不断扩大社会力量参与办赛,推进竞赛体制市场化、产业化发展。经过几年的发展,篮球、足球的市场化发展取得了一定的成绩。2020 年为促进青少年身心健康发展,教育部和体育总局印发了《关于深化体教融合　促进青少年健康发展的意见》,意见指出:"义务教育、高中和大学阶段学生体育赛事由教育、体育部门共同组织,拟定赛事计划,统一注册资格。职业化的青少年体育赛事由各单项协会主办、教育部学生体协配合。教育、体育部门整合学校比赛、U 系列比赛等各级各类青少年体育赛事,建立分学段(小学、初中、高中、大学)、跨区域(县、市、省、国家)的四级青少年体育赛事体系,利用课余时间组织校内比赛、周末组织校际比赛、假期组织跨区域及全国性比赛。合并全国青年运动会和全国学生运动会,改称全国学生(青年)运动会,由教育部牵头、体育总局配合,组别设置、组织实施、赛制安排等具体事宜由组委会研究确定。加快推动体育行业协会与行政机关脱钩,充分发挥单项协会的专业性、权威性,教育部学生体协积极配合,以足球、篮球、排球、冰雪等运动项目为引领,并根据项目特点和改革进展情况积极推进。教育、体育部门为在校学生的运动水平等级认证制定统一标准并共同评定。对参加世界大学生运动会、世界中学生运动会、世界单项学生赛事、全国运动会、全国学生(青年)运动会、全国单项锦标赛田径、游泳、射击等项目运动员的成绩纳入体育、教育部门双方奖励评估机制。"

二、青少年竞赛的组织管理

我国对体育竞赛实行分级分类管理,全国综合性运动会由国务院体育行政部门管理或者由国务院体育行政部门会同有关组织管理;全国单项体育竞赛由该项运动的全国性协会负责管理;地方综合性运动会和地方单项体育竞赛的管理办法由地方人民政府制定。

(一)国家体育总局

国家体育总局是我国最高级别的体育管理机构,负责全国体育事务的管理和决策、组织全国综合性的大型体育赛事。该机构下设各级体育部门和单位,包括各省市的体育局、各类体育协会和运动管理中心等。这些机构负责组织和管理各种类型的体育赛事,包括全国青年运动会、U系列比赛等青少年体育赛事。

(二)中国教育部

教育部是负责全国教育事务的政府机构,其中包括对青少年体育教育的管理和监督。教育部通过制定教育政策,推动学校体育的发展,以及组织全国性的青少年体育赛事,包括全国大、中学生运动会等。

(三)各级地方教育厅、体育局

在省、市、县等各级政府中,都有教育厅和体育局,以负责本行政区域的体育和教育工作。他们也会参与组织和管理青少年体育赛事,包括学校的校际比赛、区域性的综合性比赛等。

(四)各级学校体育部门

在学校中,有专门的体育部门或者由体育教师组成的教练团队,负责组织和管理学校的体育活动和比赛,并参与组织和管理青少年体育赛事。

(五)各级青少年体育协会、俱乐部

在中国,有许多专门负责青少年体育的组织,如中国篮球协会、中国乒乓球协会、中国田径协会等。这些协会或俱乐部会定期举办各种青少

年体育专项赛事。

(六)其他非政府组织和商业机构

除了政府机构外,还有一些非政府组织和商业机构参与到青少年体育赛事的组织中。例如,一些企业可能会赞助青少年体育比赛,或者与学校合作举办校际比赛。

三、竞赛理论在青少年教育中的应用

(一)竞赛理论的内涵及发展

1.竞赛理论的定义

竞赛理论原本是经济学领域的概念,是一种研究竞争现象的理论,主要关注竞争对个体和团体的影响,以及如何通过竞争来提高个体和团体的表现水平。竞赛理论的核心观点是:竞争可以激发个体的积极性和创造力,促使个体不断努力提高自己的能力,从而实现更好的自我表现。近年来,我国以体育赛事促进青少年身心健康发展工作全面推进,打造青少年竞赛体系成为新时代青少年体育治理的重要内容之一[①]。

2.竞赛理论的发展历程

竞赛理论起源于古希腊时期,当时的哲学家们就已经开始关注竞争对社会和个人的影响。在近代,随着科学技术的发展和社会的进步,竞争变得越来越激烈,竞赛理论也得到了更深入的研究和发展,涉及经济学、社会学、心理学等多个领域。

(1)古典经济学家的观点。古典经济学家对竞争现象进行了初步的研究,其代表人物亚当·斯密(Adam Smith)在其著作《国富论》中提出了"自由放任"的经济政策,认为市场机制能够自动调节资源配置,实现社会福利的最大化。然而,古典经济学家并未将竞争作为研究的主要内容,而

---

① 柳鸣毅,龚海培,胡雅静,等.体教融合:时代使命·国际镜鉴·中国方案[J].武汉体育学院学报,2020(10):5—14.

更关注市场机制、价格体系等方面。

（2）马克思主义的竞争观。马克思主义认为，竞争是资本主义生产方式的基本特征之一。马克思和恩格斯在《共产党宣言》中指出，资本主义社会的竞争导致了贫富分化和阶级斗争。列宁进一步发展了马克思主义的竞争观，将其与生产力和生产关系联系起来，形成了独特的竞争革命理论。

3.竞赛理论的主要观点

竞争可以提高个体和团体的表现。竞赛理论认为，竞争可以激发个体的积极性和创造力，促使个体不断努力提高自己的能力，从而实现更好的表现；同时，竞争还可以促进团体之间的合作与交流，从而提高整个团队的综合实力。竞争具有正面效应和负面效应，正面效应主要表现在这几个方面：激发个体的积极性和创造力；促进个体不断提高自己的能力；促进团体之间的合作与交流。负面效应主要表现在：过度竞争可能导致个体的心理压力过大；导致团体内部的恶性竞争；导致资源分配不公等。竞争与合作的关系竞赛理论认为，竞争与合作并不是完全对立的。适度的竞争可以激发个体的积极性和创造力，促使个体不断努力提高自己的能力；而适度的合作则可以促进个体之间的交流与学习，从而提高整个团队的综合实力。因此，在青少年教育中，应该注重培养青少年在竞争中寻求合作的能力，以实现个体和团体的共同发展。

（二）竞赛理论在青少年教育中的应用

"无赛不成体育"，体育竞赛作为体育工作的组成部分，是发挥以体育人的重要载体，蒋红文、李宁研究认为体育竞赛是实现学校体育育人价值的重要途径[1]，青少年在体育竞赛中能够养成遵守规则、尊重裁判和对手的优良品质，同时也在青少年顽强拼搏、团队合作、正确对待比赛结果等方面具有重要的育人价值。除此之外，体育竞赛不仅培养学生如何去赢，

---

[1] 蒋红文.学校体育竞赛活动育人价值及实现路径探究[J].青少年体育,2020(1)：35－36.

还教会学生不怕失败,锤炼青少年的心理韧性。以赛育人建立在体育竞赛活动的基础上,以竞赛为载体,通过校内外体育竞赛促进学生身心发展。这个育人过程主要通过"育体""育心"来实现,青少年在体育竞赛创设的教育情境中认知、认同、遵守并合理运用规则和要求,在体育竞赛实践过程中提升体质和内心修养。

提升青少年身体素质是体育竞赛育人的最直接体验。竞赛是检验青少年运动训练成果的重要方法之一,通过体育锻炼和竞赛能够有效提升青少年体能、提高运动技能和专项运动能力,使青少年在一定的锻炼和竞赛强度下改善人体的神经、呼吸、细胞、血液、骨骼、肌肉等人体各器官功能,进而达到提高青少年身体素质的目的。另外,通过体育竞赛促进学生健康行为和适应外部环境的综合表现主要包括:形成体育锻炼的意识和习惯、体育健康知识的掌握和运用、适应环境以及人际交往等方面的提高。竞赛促进青少年心理素质提升是潜移默化、耳濡目染的漫长过程,其形成是无意识的、自主的、内隐的过程,并且内化程度的高低与青少年的认知水平、内在性格、外部环境等综合因素有重要联系。青少年在竞赛中对团结协作精神、坚韧不拔拼搏进取精神有了更多的认识和更深刻的体会,使其转化为自身的意识和行为规范,进而塑造正确的世界观、人生观和价值观。

竞赛育心主要体现在立德、强心、益智、培美四个方面[①]。体育竞赛是一种实践中的道德教育,青少年可以在竞赛中培养尊重对手、遵守规则、团结队友、精诚合作的精神,树立正确的胜负观;在竞赛过程中不断挑战自我,超越极限,磨炼顽强拼搏、积极进取和坚持不懈的意志品质,并潜移默化地将这种行为习惯迁移到日常的学习和生活中。竞赛是对青少年身心的双重考验,竞赛中,青少年要承受身心疲劳、比赛失利、高强度竞争等多重因素带来的压力,这一过程是对青少年情感和意志的锤炼,从而强

---

① 夏霄燕."以赛育人"理念下的北京朝阳区实验小学课余体育竞赛体系设计及实施方案研究[D].首都体育学院,2023.

化学生心理韧性素质；比赛中完成高难度动作，战胜对手、突破自我、赢得比赛、队友间的团结协作和互帮互助能够激发青少年的自信，消除青少年心理的不良情绪，他们可以学习到如何在压力下保持冷静，如何与队友合作，以及如何处理失败和成功。益智是通过竞赛加速人的大脑和神经系统发展，可使人的神经系统在兴奋和抑制的交替过程中对人的记忆、判断、分析以及推理能力进行强化，从而提高人的反应能力，为青少年的智力提高奠定基础[①]。培美是指体育竞赛培育青少年外在美和内在美的美育功能。通过运动训练和体育竞赛帮助青少年提升形体美和健康的体魄美；通过竞赛的竞争，帮助青少年培养顽强拼搏和团结协作精神，这种心理和精神上的美更容易对青少年产生良好的美育教育，使学生感受体育竞赛的精神魅力，无形中对学生进行美的熏陶。

---

① 沙金.全面发展视域中的学校体育[D].东北师范大学,2012.

四、青少年体育竞赛管理体系与构建原则

(一)青少年竞赛的管理体系

青少年竞赛管理体系的建立旨在引导青少年参与竞赛活动,通过公平竞争、全面培养和激发创新潜能,推动青少年全面素质的提升。在我国,体育竞赛主要采用分级和分类的管理制度,由国务院的体育管理部门或国务院体育行政部门协同有关行政单位共同负责;全国的单项体育比赛则是由该项运动的全国协会来进行管理;地方性的综合体育赛事由地方人民政府负责组织实施管理,各级体育行政部门、运动项目协会分工负责管理各自领域体育赛事工作。青少年体育竞赛由教育部和国家体育总局联合组建的国家青少年体育工作委员会统筹管理,其下设的各专项委员会履行相应职能。各省组建由省教育厅和体育局联合的省级青少年体育工作委员会,统筹各省的青少年体育竞赛工作。竞赛管理体系的构建内容主要包括以下内容。

1.制定明确的竞赛目标和规则

为确保青少年体育竞赛的顺利进行,在组织赛事之前需要先明确竞赛的目标和规则。这包括确定参赛资格、竞赛项目、评分标准、奖项设置等。同时要确保规则公平透明,严格分组管理,让所有参赛者都能在同样的起跑线上展开竞争。

2.建立完善的组织机构

一个有效的竞赛管理体系需要指定一个专门的组织机构来实施管理,这个机构可以由政府部门、学校或者社会组织组成,负责组织、协调和监督竞赛活动。

3.提供充足的资源和支持

为了让青少年在竞赛中取得优异成绩,需要为赛事组织提供充足的资源和支持。这包括提供教练员培训、完善比赛场地设施、补充比赛所需器材设备等。

4. 建立有效的评价体系

竞赛的目的是激发学生的学习兴趣和创新能力,检验参赛运动员的训练成果,选拔优异的青少年后备人才,因此评价体系应该注重学生的全面发展。除了竞技成绩之外,还可以考虑学校学生的参与度、团队精神面貌、比赛过程中的组织纪律等方面的表现。

5. 加强宣传和推广

为了让更多的青少年参与到竞赛中来,需要加强对竞赛的宣传和推广。很多比赛都是相关政府部门直接下发文件到下属单位,由单位组织决定是否参加,很多体育教师、教练员、学生以及社会组织等不清楚具体比赛的时间地点。可以通过媒体宣传、发布信息、制作宣传资料等方式,让家长和社会了解竞赛的意义和价值,提高青少年体育竞赛的社会关注度。

6. 不断改进和完善

竞赛管理体系应该是一个动态的、不断改进和完善的过程。要定期收集参赛者和学校、体校、俱乐部、教师、教练员以及学生的意见和建议,对竞赛的组织、管理、评价等方面进行调整和优化,以提高竞赛的效果和影响力。

(二)青少年体育竞赛构建原则

青少年竞赛除了肩负选拔优秀竞技体育后备人才外,还承载了以体育人,促进青少年身心健康发展的新时代使命。因此,在构建青少年体育竞赛体系时要落实新时代任务原则。

1. 教育目标导向原则

以教育目标为导向,以"育人"为主要目标,是新时代青少年体育竞赛的首要原则。竞赛体系应该围绕培养学生的综合素质和能力展开,而不仅仅是为了获得名次或奖励。这意味着竞赛项目应该与课程目标和素质教育相一致,帮助学生提高知识运用能力、创新能力和团队合作能力等。在培养全面发展的竞技体育后备人才的同时,发挥优秀体育后备人才的榜样骨干作用,带动广大青少年积极参加体育活动和竞赛,大力推动阳光体育运动的积极开展,全面培养青少年的体育兴趣爱好和终身体育锻炼的习惯。

2.广泛性原则

以往的青少年体育竞赛都是少数"精英"参赛,现在青少年竞赛体系的构建不仅涉及运动员学生的教育,还涉及普通学生的教育。教育、体育部门整合学校比赛、U系列比赛等各级各类青少年体育赛事,建立分学段(小学、初中、高中、大学)、跨区域(县、市、省、国家)的四级青少年体育赛事体系,利用课余时间组织校内比赛、周末组织校际比赛,通过扩宽竞赛覆盖范围,增加青少年体育竞赛的参与广度。

3.公平性原则

随着青少年体育竞赛治理体系的逐步完善以及体教融合的深入推进,教育部门和体育部门联合办赛,消除两个体系之间的竞赛壁垒已提上日程并进行了实践探索。义务教育、高中和大学阶段学生体育赛事由教育、体育部门共同组织,拟定赛事计划,统一注册资格。职业化的青少年体育赛事由各单项协会主办、教育部学生体协配合,合并全国青年运动会和全国学生运动会,改称全国学生(青年)运动会,由教育部牵头、体育总局配合,组别设置、组织实施、赛制安排等具体事宜由组委会研究确定。随着"体、教"两个系统联赛竞赛的发展,如何确保竞赛的公平性至关重要,所有参赛者都应该在同等的条件下进行比赛,避免任何形式的偏见和歧视。

4.灵活多样性原则

根据学生的需求和学校的实际情况,对竞赛体系进行适时的调整和优化,包括增加或减少某些竞赛项目、调整竞赛时间安排等。灵活性可以更好地满足学生的需求,提高竞赛体系的有效性。鼓励各种类型的竞赛,以满足不同学生的兴趣,包括学术竞赛、艺术竞赛、体育竞赛等。通过提供多样化的竞赛项目,可以让更多学生找到自己感兴趣的领域,从而激发他们的积极性和创造力。

5.持续性原则

设计一个持续运行的竞赛体系,以便学生在不同阶段参与不同类型的竞赛。这样可以让学生在不同阶段都有机会展示自己的才能,同时也有助于教师和学校了解学生的发展和进步情况。除了省级赛事外,学校也要构建一条由体育课堂到校级竞赛的持续赛事体系,让更多的青少年有参与竞赛的机会。体育课堂考核竞赛,即在体育课程教学中将竞赛纳入考核,考试分值根据学生竞赛参与情况、运动技能运用情况、比赛结果等进行综合考评;课余体育竞赛,即由校内体育社团、俱乐部等利用课余时间组织开展的竞赛活动,竞赛项目可根据俱乐部实际情况以及学生受众群体等进行设置;学校单项体育竞赛,由学校体育院系(部)负责组织开展,参赛对象面向全体在校学生,项目围绕"三大球"、武术、民族传统体育等开展。竞赛形式为班赛——年级——院级——校级层层选拔,能够有效促进体育竞赛的参与广度;学校运动会,即一个学校赛事级别最高的体育赛事,以传统跑、跳、投项目设置为主。

6.反馈与评估原则

建立一个有效的反馈和评估机制,以便及时了解学生的学习进度和竞赛表现。可以通过定期的成绩报告、家长会议等方式实现,鼓励家长参与学生的竞赛活动,与学校共同为学生的发展提供支持。家长可以在家庭中为学生创造良好的体育环境,鼓励他们参加课外活动和竞赛,以提高学生的自信心和竞争力。同时,也要关注学生的心理健康,为他们提供必要的心理支持和辅导。

第二节　完善青少年体育赛事体系治理的挑战

青少年竞赛体系建设是一个不断探索、不断完善的过程。自 2006 年以来,我国在青少年体育竞赛体系建设方面做了大量工作,取得了显著成效,积累了宝贵经验。从总体上看,我国青少年竞赛体系建设起步较晚,虽然近年来我国青少年体育竞赛体系建设取得了较大成绩,但是与发达国家相比仍有很大差距。

一、赛事体系目标定位不清晰

赛事的目标定位是体育工作发展的根本依据,也是竞赛开展的指导准则。当前我国青少年体育赛事两个体系长期并存[①]:一是以体育部门为主的全国青少年体育赛事体系;二是教育部门举办的全国、各地区的大中小学生赛事体系。两个体系赛事均以服务青少年、致力青少年体育工作发展为共性目标,但两个系统"并行"办赛的方式也导致了其竞赛目标存在差异。体育部门主办的赛事更加注重比赛选拔和培养优秀运动员,将有潜力的运动员继续向上输送为国争光,以完成竞技体育后备人才培养和输送的目标;教育部门主办的赛事主要丰富学生业余体育生活,推进学校体育工作发展,扩大学校以及学校体育影响力。以篮球运动为例,大学校园的 CUBA 联赛以及篮协主办的 U 系列比赛都是参与范围广、人数多的赛事,但两大赛事之间对运动员参赛资格存在较大限制。体育系统主办的 U 系列比赛主要针对体校学生、职业俱乐部青年队等球员;教育系统主办的比赛则面向在校注册学籍的学生,在体育系统比赛注册的球员不得参加教育系统比赛。就 CUBA 而言,凡是在体育总局篮球运动管理中心或中国篮协注册过的运动员,参加过全国青年联赛(U21、U19 等)及职业性质的全国联赛(如 CBA 联赛、CBL 联赛、乙级联赛、俱乐部联赛等)的运动员无法参加 CUBA 联赛,曾在中学阶段备案过的运动员进入大学阶段后都无法参加 CUBA 联赛[②]。反过来,如果运动员不注册的话

---

① 钟秉枢.体教融合背景下青少年体育赛事体系完善的路径研究[J].体育学研究,2020(5):13—20.

② 敖翔.体教融合背景下 CUBA 联赛向职业篮球联赛球员输送的现状及路径研究[D].四川师范大学,2022.

又无法参加篮协主办的 U 系列比赛,如在 2021 年的 U19 女篮比赛中广东、辽宁等 7 支队伍因注册人数不足 8 人被认定不计成绩和名次,就是因为越来越多的篮球运动员希望保留"自由身",以便日后有机会进入大学读书征战 CUBA。目前的比赛机制让球员不得不早早在校园篮球与职业篮球之间做出二选一的抉择。由于目标定位的差异导致两个部门举办的赛事在项目设置、参赛资格、年龄要求方面不能兼容互通,不利于青少年竞赛体系的良性可持续发展。因此,竞赛项目设置、资源整合、层级衔接等多元目标难以实现,需要政府部门、社区、学校、社会组织、俱乐部、家庭等多元主体协同治理。

二、竞赛制度体系建设不够完善

青少年体育竞赛体系的建设,关键在于治理。治理的效果好坏主要取决于制度是否科学和完善,制度包含体制制度和具体制度两个方面。体制制度包括组织设置、机构职责、运行机制与权责划分等内容,具体制度是指法律法规、政策措施等具体的管理制度[①]。我国的青少年竞赛体系制度涵盖了体制制度和具体制度两个方面,其中包括与竞赛组织运营相关的各种政策文件,如章程、规定、规则、条例等。建立青少年竞赛体系制度的主要目的是形成一套共同遵守的办事章程或行动准则,从而建立一个高效的赛事运作体系。我国青少年竞赛体系主要由各级体育和教育行政部门负责组织与实施,但体育和教育部门是两套并行的运行体系,校园体育竞赛与体育系统主办的一系列赛事之间缺乏有效联动。虽然在青少年体育竞赛的相关政策、文件中多次提及要积极探索和引入社会力量支持青少年体育赛事的发展,但在具体落实和操作方面还没有一套标准的行为准则。尤其是在体教融合政策实施以来,如何在体育、教育、各单项体育协会、社会组织等中统筹安排各项赛事主体之间的权力和责任,如

---

① 彭国强,舒盛芳.美国大众体育制度治理的特征及启示[J].西安体育学院学报,2020(1):1−9.

何更好地管理青少年体育竞赛,都需要进一步完善相关的管理体制和制度。这包括对青少年体育赛事活动的整体规划、对管理机构、各级管理部门的职责和权力划分、明确组织者和参与者的责任与义务,以及对议事程序和竞赛的奖励与惩罚机制进行明确具体的指导和约束。体制和制度建设是我国青少年体育赛事治理体系的顶层规划设计,为各级青少年体育竞赛组织管理机构提供行动指南。

三、竞赛资源分配不均衡

在当今社会,体育已经成为人们生活中不可或缺的一部分。尤其是对于青少年来说,参加体育竞赛不仅能够锻炼身体,提高身体素质,还能够培养团队精神和竞争意识。然而现实中青少年体育竞赛资源分配存在着严重的不均衡现象,这使得一些有潜力的青少年无法获得足够的体育锻炼和展示自己的机会。

由于地域、经济、文化等因素的影响,各地区的青少年体育竞赛资源分配存在着很大的差异。一般来说,经济发达地区的体育设施、教练员水平、赛事组织等方面都要优于经济欠发达地区,这使得经济欠发达地区的青少年在参加体育竞赛时,很难获得与经济发达地区相同的条件和机会。虽然我国政府已经出台了一系列政策来支持青少年体育事业的发展,但在实际操作过程中,由于各种原因,政策的执行力度和效果并不理想。一些地方政府在财政投入方面存在不足,导致体育设施建设和教练员培训等方面有所欠缺。此外,政策制定者往往过于关注竞技体育的成绩,而忽视了全民健身和普及体育的重要性,这使得青少年体育竞赛资源分配问题得不到有效解决。在学校层面,由于不同学校的经济实力、师资力量、设施条件等并不相同,体育竞赛资源分配存在很大差异。一些名校由于资金雄厚,拥有完善的体育设施和优秀的教练员队伍,能够为学生提供丰富的体育竞赛机会,而一些普通学校则很难做到这一点。家庭教育背景也是影响青少年体育竞赛资源分配的一个重要因素。在一些富裕家庭中,家长非常重视孩子的体育锻炼,会为孩子提供各种体育器材和场地,甚至请私人教练;而在一些贫困家庭中,由于经济条件有限,家长可能无法为孩子提供足够的体育锻炼条件和机会。此外,传统的应试教育观念仍然根深蒂固。家长们普遍认为学习成绩是衡量孩子成功与否的唯一标准,而忽视了体育锻炼对孩子身心健康发展的重要性。这导致一些家长不愿意为孩子提供更多的体育锻炼机会,从而影响了青少年体育竞赛资源的合理分配,使得这些家庭的孩子在参加体育竞赛时处于劣势地位。在青少年体育竞赛中,资源分配不均是一个突出问题。一些地区和学校由于资金、设施等方面的限制,无法为运动员提供良好的训练条件和环境,使得这些地区的运动员在比赛中处于劣势地位,影响了他们的发展。而部分优秀运动员因为家庭背景等原因,能够获得更多的资源和支持,这也加剧了竞技水平的不平衡。

第三节　完善青少年竞赛体系治理的策略和方法

青少年体育竞赛体系是一个由多种类型赛事构成的有机整体,是培养和造就高水平体育人才的重要载体。青少年赛事体系的具体内容见4-1。加强青少年体育竞赛体系建设是推动全民健身计划和健康中国战略实施的重要举措,也是进行体育强国建设的重要基础。要在坚持以人为本,充分尊重青少年身心发展规律,系统构建青少年竞赛体系的基础上,建立和完善科学规范的管理机制、资源配置机制和协调发展机制,使青少年体育竞赛体系建设成为我国青少年体育事业发展的重要推动力,为广大青少年提供更多、更好的体育运动机会,全面提升我国青少年体育治理水平。

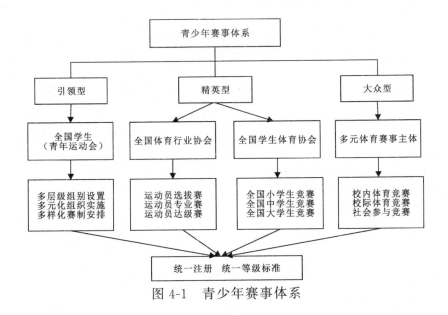

图 4-1　青少年赛事体系

一、明确竞赛目标体系定位,统一竞赛标准

当前阶段,我国的青少年体育竞赛治理主体之间的目标不一致,导致竞赛主体之间不能形成有效的合力,使得治理的效率不高,造成竞赛资源浪费。因此,我国青少年体育竞赛体系的构建需要各主体之间深度融合,教和体两个部门之间要明确竞赛目标体系,统一竞赛标准。

(一)厘清治理主体之间的权责关系

要明确治理主体之间的权责关系,确定各自的治理功能。首先要发挥政府在青少年体育竞赛治理体系中的主导作用,明确教育和体育两个部门在青少年体育竞赛治理中的权责关系,加强工作的统筹安排和组织领导。建立健全相关工作机构,完善竞赛体制、工作制度以及推进机制,切实依法办赛,加强政策引导,增加资金投入等方面的职责。其次,协调治理主体之间的利益冲突,争取建立共同的赛事治理目标,实现青少年赛事目标及利益的最大化。在多方协同治理的过程中,体育和教育两个部门以及非政府组织和社会力量要充分表达各自合理的利益需求,通过平等协商的方式,化解利益矛盾和分歧,建立共同的赛事目标治理体系。

(二)打造共同的青少年竞赛目标治理体系

消除体教之间的目标壁垒,是实现青少年体育竞赛目标治理体系构建的关键所在。首先要形成一体化的赛事理念,青少年体育赛事目标要以青少年的身心健康发展为导向,树立健康第一的指导思想。凸显出青少年体育赛事以体育人与竞技体育双重发展的属性,在关注青少年竞技水平的同时,也要重视青少年公平竞争意识和思想品德的养成。其次,体教两个部门之间要建立协同的赛事运行机制,对青少年的体育赛事进行一体化设计,统筹安排与规划,建立体教互通的参赛机制。在参赛资格、项目设置、运动等级等方面进行统一部署和管理,注重青少年体育赛事与职业赛事的有机衔接。青少年体育治理工作面向的是全体学生,因此,在青少年体育竞赛目标治理体系构建的过程中,要打破以往只针对少数精英学生参赛的目标体系。确保有充足的体育竞赛资源,使竞赛内容更为丰富,吸引更多有体育兴趣爱好的学生参赛,让学生、运动员们体会到参赛带来的快乐,培养他们终身体育的意识、养成终身体育的习惯。

二、创建多元共治模式,建立协同联动竞赛体制机制

社会力量的参与是推动青少年体育赛事治理的外部动力,我国青少年体育赛事治理存在社会力量参与不足,关注度不高等问题。因此要鼓励以体育俱乐部、体育协会以及家庭为主的社会力量积极参与青少年体育赛事治理。

(一)完善青少年竞赛体制制度

加强赛事组织和管理团队建设,选拔一支具有丰富经验和专业知识的赛事组织和管理团队,对团队成员进行培训,提高他们的业务能力和服务水平。同时,建立健全激励机制,提高团队成员的工作积极性。根据赛事类型和目标,制定简单明了、公平公正、科学合理的赛事规则,确保比赛的顺利进行。要考虑到青少年的特点,适当降低比赛难度,让他们能够充分发挥自己的能力。还应通过各种渠道对赛事进行宣传和推广,提高赛

事的知名度和影响力。可以利用社交媒体、校园广播、海报等方式进行宣传,吸引更多的青少年参与;在赛事筹备过程中,要充分考虑到安全因素,制定相应的安全措施和应急预案,同时要配备专业的医疗保障人员和设备,确保参赛青少年在比赛中的身体健康;建立有效的赛事监督和评估机制,对赛事的组织和管理进行全程监督,确保各项工作按照计划进行。比赛结束后,要对赛事进行评估,总结经验教训,为下一次赛事提供参考。

(二)以学校为基础,促进青少年体育赛事体系常态化

学校是青少年体育竞赛体系构建的基础,要充分发挥常赛的作用。要经常组织课堂教学比赛,检验教学成果,每周要组织班赛、校赛,通过以赛代练,激发学生的体育兴趣和锻炼热情。学校还应建立常态化的校园体育竞赛机制,开展丰富多彩的班赛、年级比赛,通过层层选拔组建校代表队,通过长时间的体育竞赛,锤炼学生的意志品质,健全学生的人格,落实以体育人的根本任务。

(三)以体育社会组织为载体,推动青少年体育赛事社会化

青少年体育社会组织是促进青少年体育赛事社会化、市场化的重要力量。在双减政策背景下,应该积极引导各级各类学校、体校、社会力量创建青少年体育俱乐部,充分调动俱乐部发展和建设的积极性,打造全国青少年体育俱乐部的联赛品牌和赛事,通过赛事吸引社会关注。青少年体育赛事在赛制安排上,可以设置分区赛、系列赛,根据不同的年龄阶段设置 U 系列比赛等多种形式的比赛,为广大青少年创造参加竞赛的机会,扩大报名条件,鼓励全员参与,各级各类学校、俱乐部甚至个人均可以报名参赛。

三、建立多元化评价机制

从政府到学校、家庭、社会,每个人都要积极参与,共同营造一个健康、公平、有序的青少年体育竞赛环境,让青少年在体育锻炼中健康成长,为国家和社会培养更多优秀的体育人才。

(一)强化体育道德教育

强化体育道德教育是解决青少年体育竞赛功利性问题的关键。各级体育部门和学校应将体育道德教育纳入教育体系,通过课堂教学、实践活动等多种形式,培养青少年运动员的体育道德观念。同时,要加强对教练员的培训和管理,要求他们在比赛中严格遵守体育道德规范,树立良好的行业形象。

(二)完善青少年体育竞赛制度

完善青少年体育竞赛制度,引导青少年运动员树立正确的竞技观念。结合青少年身心发展规律,进行青少年年龄组别设置、项目设置、参赛资格设置、竞赛体制改革等,深化体教融合,发展综合性体育赛事体系,有机整合学校体育竞赛、青少年体育竞赛以及社会体育竞赛,丰富青少年体育竞赛的内容和形式,提高青少年参与的广度。优化竞赛项目,既要满足竞技体育的需求又要丰富项目的多样性,一方面满足选拔竞技体育后备人才的同时要兼顾向广大青少年普及体育竞赛。加强对优秀运动员的培养和选拔,让他们在国际赛场上为国家争光,同时也为青少年树立良好的榜样。设立更多的青少年比赛项目,扩大选拔范围,让更多青少年得到锻炼的机会,充分激发广大青少年参与比赛的兴趣和积极性,进而发挥体育竞赛对青少年体育运动的推动作用[1]。

(三)建立多元化评价体系

建立多元化的评价体系,不仅要关注比赛成绩,还要关注运动员的全面发展。通过加强顶层设计引导全国体育领域树立正确的体育政绩观,避免体育与政绩挂钩。学校和体育部门可以设立专门的评价指标,从运动员的学业成绩、身体素质、技能水平、心理素质等方面全面评价他们的发展状况。建立教练员考核、职称晋升等多元化路径,除了将竞赛结果纳入考核评价体制外,还要加入运动训练的过程性考核以及学生身心健康

---

[1] 谭荣东.青少年体育赛事体系建设研究[J].青少年体育,2018(12):7—8.

指标提升情况等考核指标。让教练员不仅仅关注青少年体育竞赛的结果，而更注重青少年身心健康成长。

四、加强竞赛资源供给，提高竞赛资源利用效率

青少年体育竞赛资源分配不均是历史发展过程中不可避免的问题，在很多国家均存在这个情况。在缺乏规范的场地设施、专业教练、健全的组织管理等情况下开展的体育竞赛无法保证竞赛质量，并且存在较大风险隐患，无法达到促进青少年身心健康发展，以体育人的效果[①]。要解决青少年体育竞赛资源供给问题，需要政府、学校、家庭和社会各方共同努力来逐步缓解，通过加大政府投入、改善学校和家庭条件、加强社会支持、对体育系统和教育系统的资源进行整合，提高赛事资源利用率，降低运营成本等措施，促进青少年体育竞赛资源均衡分配。

(一)政府加强资金支持和政策引导

政府应该加大对体育事业的资金投入，特别是对农村和贫困地区的体育事业的支持力度。通过设置青少年体育竞赛专项计划资金，保障青少年体育竞赛的持续性和稳定性，通过专项购买服务或PPP融资模式建设更多的体育场馆、提供免费的体育培训，逐步缩小地区间和学校间的资源差距。

(二)学校和家庭的共同努力

家庭对青少年的成长具有重要影响。家长要关注孩子的学习和生活，鼓励他们积极参加体育锻炼，培养健康的生活习惯。家庭应该更多关注孩子的综合素质发展，为孩子创造良好的体育环境，应该积极地支持孩子的体育兴趣和爱好，鼓励引导孩子主动参与体育锻炼，在孩子体育锻炼和参加体育竞赛上分配一定的人力、物力和财力资源。还应改变传统的

---

① 尚力沛.新时代体教融合的时代意涵、实践要求与推进策略[J]体育文化导刊，2021(11):32—37.

重文轻武的思想观念,积极支持学校体育活动的开展。学校可以通过加强体育课程建设、提高教师素质、举办各类体育活动等方式,为学生提供更多的锻炼机会。并逐步向学校体育教育、设备配套等方面倾斜教育资源。

(三)吸引社会力量办赛

社会各界应该关注青少年体育竞赛资源的分配问题,通过捐赠、赞助等方式为贫困地区的学校和家庭提供帮助。同时,政府应该支持和引导社会力量承办或者协办青少年体育赛事,持续优化青少年体育赛事的审批流程,让社会组织获得青少年体育赛事的承办权或协办权,促进青少年体育赛事向社会办赛、联盟办赛的方向转变。借鉴欧美等发达国家的经验,打造青少年品牌赛事,增强青少年赛事的商业价值。加强媒体宣传,扩大竞赛规模,提升竞赛品质,打造全国性或地方性的青少年体育赛事品牌形象,主动吸引社会资本参与赛事的运营和投入。比如,"耐克"中国高中篮球联赛就是由社会力量办赛的典型青少年体育竞赛,该项赛事参赛范围广,社会吸引力大,通过媒体全国直播,已经逐步形成赛事品牌。此外还应建立多元化的青少年体育赛事资金筹集渠道,优化青少年体育赛事的投资引进政策,建立稳定的赛事财政保障制度和增长机制,加强资金监管,鼓励政府通过购买服务和PPP融资模式吸引社会力量参与青少年体育赛事的资金投入。

第五章　高校高水平运动队治理研究

第一节　高校高水平运动队治理现状分析

　　高校高水平运动队的治理是青少年体育治理的重要内容,是构成青少年体育治理共同体的重要环节。高校高水平运动队归属教育系统管理,同时又是为国家输送高水平青少年竞技体育后备人才的渠道之一。虽然高校高水平运动队培养的青少年受众范围相对较小,但其影响广泛,很多喜欢体育的青少年希望通过体育单招、特招进入高校高水平运动队。此外高水平运动队的规模扩大对传统的体校也产生了较大的冲击,越来越多的青少年运动员选择放弃职业体育道路,希望进入高水平运动队继续深造。因此高校高水平运动队的治理模式和效果对整个青少年体育治理体系具有重要影响。优秀的运动员不仅能够代表学校在比赛中取得优异成绩,还能够在学校以及社会上产生积极的影响,对广大青少年起到模范带头作用,推动青少年体育的发展。高校高水平运动队是发现和培养体育人才的重要平台,通过对运动员的选拔和培养,可以为社会和国家输送大量优秀的竞技体育后备人才。

一、高校高水平运动队发展概述

　　高校建设高水平运动队的历史可以追溯到 20 世纪初。当时,中国的高等教育刚刚起步,很少有大学能够组建和培养高水平运动队。但是一些学校仍然加强了体育教育,并开始组织校内运动会等体育竞赛。1922年至 1926 年间,南开大学、北京大学、武汉大学、四川大学等几所高校举行了多项体育比赛活动,培养了一批优秀的运动员,并为以后在全国范围内推广和普及大学体育打下了基础。1949 年中华人民共和国成立后,高校开始重视体育教育和竞技体育。1953 年,中华人民共和国教育部首次公布了全国高等院校体育运动会的规程。同一时期,一些高等学校开始尝试组建高水平运动队,积极参加国内外的体育赛事。1986 年原国家体委和国家教委联合召开全国学校学生业余体育训练座谈会,此次座谈会颁布了《关于开展学校业余体育训练,努力提高运动技术水平的规划(1986—2000 年)》,提出了学校业余体育训练和体工队的未来发展规划,标志着我国普通高校开始正式试办高水平运动队[1]。1987 年原国家教委下发《关于部分普通高等学校试行招收高水平运动员工作的通知》,首次正式提出体教结合的人才培养思路,确定了 51 所高水平运动队试办学校,此次试办高水平运动队开启了高校进行体教结合探索培养青少年竞技体育后备人才的新路径[2]。同时,随着改革开放的深入,国家体育总局在 1994 年成立了"全国高水平运动队伍管理中心"以推动中国体育事业的发展,此后开办高水平运动队的学校逐年增加。到 20 世纪 90 年代,为贯彻奥运争光战略和参加世界大学生运动会,高校高水平运动队由原来的试点探索进入大范围普及时期。在 1995 年,原国家教委印发《关于部分普通高等院校试办高水平运动队的通知》,要求要扶持基础大项以及群众基础广泛的项目,如田径、足篮排等,并确定了 50 多所试点开办高水平运动队的学校。为提高我国高校在世界大学生运动会上的成绩,完成参赛任务,多数高校在招收高水平运动员时提高了运动技能水平要求,同时降低了文化成绩的录取分数,这一时期大批退役运动员通过高水平招生方式进入高校[3]。该招生方式虽然迅速提高了高校在世界大学生运动会

---

① 郭晓培,钟秉枢.我国高校高水平运动析[J].体育文化导刊,2022(3):58—64.

② 刘海元.当前加强普通高等学校高水平运动队建设的若干问题探讨[J].首都体育学院学报,2018(5):422—427,449.

③ 何强,熊晓正.我国高校高水平运动队培养模式的回顾与反思[J].河北体育学院学报,2011(1):53—57.

中的成绩,但同时也使得"学训矛盾"问题更加突出。到 2005 年,招收高水平运动员的学校达到 230 多所,此时教育部正式印发《普通高等学校招收高水平运动员的办法》,进一步规范了高校高水平运动队的招生管理,大学生的篮球、足球等赛事已初具规模。发展到 2020 年,已有 283 所高校具备高水平运动队招生资格,高校高水平运动队的招生项目除了田径、武术、足球、篮球、排球、羽毛球、乒乓球、游泳等常规项目外,还逐渐增加了击剑、冰雪、攀岩、龙舟等新兴项目①。

普通高校高水平运动队是学校体育事业的重要组成部分,它能够促进学校体育事业的发展,推动学校体育教育的改革,并提升学校的文化影响力和知名度。同时,高水平运动队还可以鼓励更多学生参与体育运动,提高全校师生的身体素质。有高水平的运动队代表学校参加各项赛事,是学校展示实力、提升影响力的重要渠道之一。在参与高水平的比赛中,学校不仅能够展现自己的综合素质,更能够与其他高校展开角逐,提升学校的知名度和影响力。高水平运动队可以为学校发掘、引进、培养优秀的体育人才搭建平台,吸引全国各地的优秀运动员来到学校,增强学校对优质生源的吸引力,同时可以为国家培养更多的优秀体育人才,提供更多的教练员、裁判员等优秀人才储备。高水平运动队不仅代表学校,而且在某种程度上也代表着国家。参与国内外高水平比赛,一方面可以增加我国在国际舞台上的曝光度,另一方面也可以推动国家体育事业的发展,为我国体育产业的繁荣做出贡献。因此加强普通高校高水平运动队的治理对青少年体育治理具有重要意义。

二、高校高水平运动队的项目分布情况

我国的高校高水平运动队自开办以来,项目设置呈逐渐增长的趋势,直到 2008 年达到顶峰,随后略有下降,到 2017 年以后基本稳定。根据每

---

① 史衍.普通高校高水平运动队建设评估的偏差与优化[M].北京:北京体育大学出版社,2015.

所高校高水平运动队的建设,高水平运动项目设置一般在一至三个左右,部分高校最多能达到八个,到 2017 年教育部下发的文件提出高校高水平运动队开设的运动项目不得超过五个。2020 年体教融合政策的提出是高校高水平运动队招生的一个分界线,2020 年之前高校高水平运动项目基本呈现逐年增加的现象,期间略有起伏,但总体趋势是数量的增加。开设项目最多的是足球,共有 188 所高校,占比达到 66.4%;其次是田径项目,开设高校 136 所,占比 48.1%;排在第三位的是篮球,占比 39.9%。而射击、定向越野、手球、橄榄球、沙滩排球、垒球、攀岩和棋牌开设项目不足 5 所。开设项目较多的是由于政策引导、参与范围广和市场化程度高,而开设项目较少的则是比较冷门的项目,还有一些我国传统优势项目未有高校开设,比如举重、体操等,当前的项目分布不利于这些项目的长远发展①。

曾有学者提出,我国的高水平运动项目分布不合理,开设不均衡。因此到 2021 年开始,高水平运动队招生项目逐步开始下降,从原来的注重数量向提高质量转变。到 2022 年招生项目缩减到 14 个(详见表 5-1),如棋牌、龙舟等招生生源不足以及没有技术等级称号的项目逐步被淘汰,高校高水平运动队的招生逐步向国家重点发展项目以及受众范围广、校园普及性高的项目调整。

表 5-1 我国高校高水平运动项目发展规律变化

时间	2017	2018	2019	2020	2021	2022
招生高校数量	275	279	287	283	285	285
招生项目数量	25	28	23	26	23	14
全国统考项目	11	12	10	11	13	11

数据来源:国家体育总局官网。

---

① 王凯珍,刘海元,刘平江,等.我国普通高等学校高水平运动队建设现状及发展对策[J].首都体育学院学报,2011(2):126－132.

三、高校高水平运动队运动员基本情况

(一)运动员的构成及生源

我国高水平运动队的运动员主要来源于三个方面:一是普通中学的体育特长生。普通中学的体育特长生在中学阶段学习任务较重,运动训练不科学、不系统,因此运动成绩非常出色的较少,大多数能够达到国家二级运动员的水平,一些有发展前途和潜力的运动苗子则被选拔进入专业队中接受职业训练。普通中学的体育特长生进入高校高水平运动队的比例较低,这些特长生的运动技能和天赋还没有被完全发掘出来,进入高校后通过系统的、科学的训练,也能够培养出一批优秀的运动员,并且随着体教融合政策的深入实施,在未来一段时间内,从普通中学生上升到高校高水平运动队的人数占比会越来越多,将会成为高校高水平运动员的主要来源之一。二是专业二线运动员及各级各类体校的学生。通过降分招收的体校学生或者是专业队二线的队员从中小学开始就在体校就读,运动训练系统化程度相对较高,运动成绩相较于普通中学培养的学生较好,但他们的文化课学习时间短,文化成绩较差。这部分同学进入高校大多是通过全国统一的高考,各个高校根据相应的政策降分对他们进行录取,也有少部分非常优秀的运动员免试进入高校,但他们的人事关系仍属于专业队,平时的训练、比赛由专业队负责安排,文化教育则由学校负责。三是专业运动员,包括国家队队员、现役以及退役的运动员。招收现役或退役运动员一方面是为了解决退役运动员的就业问题,另一方面是要提升我国高校高水平运动队的运动成绩,能够代表教育系统参加世界大学生运动会。他们可以迅速提高高校的运动竞技水平,为学校争取荣誉,但是这种走捷径的方式不利于高校高水平运动队的长远发展。

(二)高校高水平运动员的学习情况

运动员进入高校高水平运动队后根据个人意愿并结合学校实际情况自愿选择专业,虽然体育专业更符合他们的特长,能够学以致用,但主动

选择就读体育专业的运动员还是非常有限,主要是因为受传统观念的影响,一些运动员以及家长认为体育专业就业面相对较窄,忽略了运动员的学训矛盾问题。如今高水平运动队招生政策的调整对高水平运动员专业选择问题提出了明确要求,要一致就读于体育专业,这对于没有体育专业的学校来说也是一个新的挑战。也有些学校为了方便管理,将高水平运动员统一安排到某一专业就读,以便于对运动员的学习训练进行统一的规划和安排。高水平运动员招生考试时主要实行的是免试特招或者是降分录取的方式,他们的分数对于普通学生来说相差较大。并且他们入学后将更多的时间和精力投入在运动训练和竞赛方面,在学习上本身基础就较差,进入高校后学习的时间较少,导致文化课的成绩不理想,为了高水平运动员能够顺利毕业,很多高校制定了相应的文化课学习以及学分管理办法,把运动竞赛成绩纳入了学生的学习和学分考核当中,以成绩换分数。这种方式虽然一定程度上解决了高水平运动员的毕业问题,但未能从根本上解决学训矛盾问题。

(三)运动员训练及参赛情况

全面、系统、科学的训练是运动员提高竞赛成绩的重要保证,同时,竞赛又是检验训练水平和促进训练水平提高的重要平台。高校举办高水平运动队的主要目的就是能够为国家培养全面发展的高水平竞技体育后备人才,完成世界大学生运动会以及国际、国内重大比赛的参赛任务,为国家争光,为我国体育事业的可持续发展做出贡献。通过竞赛交流,取得优异成绩还可以提高学校的知名度。

高校高水平运动队的训练基本上是由主教练负责,教练水平的高低能够直接影响运动员水平的高低。教练员通过制订详细的训练计划,根据竞赛安排来调整训练周期。高水平运动队在训练时间上基本上能够得到保障,但有些比赛尤其是省市级比赛周期的不固定性是影响训练时间安排的重要因素之一。相比体育系统的运动员,教育系统的比赛,尤其是高水平的赛事更少,高水平运动员在竞赛期间的训练比较集中,而竞赛结束后的训练时间和次数就会明显地减少。相比职业运动员,很多高校高水平运动员的训练时间和系统性方面存在一定差距。训练和竞赛是分不开的,竞赛能够促进训练水平提高,检验训练效果。高校的体育赛事开办的质量和数量,是影响我国高校高水平运动队发展的重要因素之一。

目前,我国高校开展竞技体育赛事还处于起步阶段,没有固定的竞赛计划和周期,除了大学生篮球、足球等市场化程度较高的项目具备一定的规模之外,其余的赛事项目比较少,且市场化程度非常低。高校高水平运动队可以参加的比赛主要有各省市举办的综合运动会或单项体育赛事,以及全国的单项赛事和全国的综合性运动会。全国大学生综合性运动会是每四年举办一次,单项赛事一般是每两年举办一次。自体教融合政策实施以来,将大学生运动会与全国青年运动会合并后改为每三年举办一次。但对于高水平运动队来说,能够参与的比赛还是不足,比如开展比较好的篮球联赛,对于一般的运动队来讲,每年最多就打几场、十几场的比赛,很难达到以赛代练的目的,大多数运动队经常会出现只练不赛的现象。

四、高校高水平运动队的管理模式

我国普通高校高水平运动队办队已有几十年历史,各高校根据学校实际情况在招生、训练、竞赛、管理、经费等几个方面进行实践探索,形成了几种高水平运动队的治理和办队模式(详见表5-2)。

表5-2　我国高校办队模式

办队模式	合作部门	生源	经费	教学管理	训练竞赛
自主办队	无	自主招生	学校	学校	学校
委托	体育部门	自主招生、运动员	学校、体育部门	学校	学校
挂靠	体育部门	专业运动员	学校学校	运动队	
校企合作	企业	自主招生	企业和学校	学校	学校

(一)自主办队

自主办队是我国普通高校当前主要采取的办队模式,它通过高校招收高水平运动员和自主训练培养的形式组建运动队[①]。自主办队没有过多的条件限制，直接招收的高水平运动员在大学生运动竞赛中易取得成绩，学校内部选拔、训练、培养的运动员能够减少学校人力、物力、财力的投入，遇到天赋较好的苗子也易于提高比赛成绩，因此自主办队是大多数高校所采用的模式。这种模式下，运动员的培养主要依靠学校的教育资源，教练员的专业水平直接影响到运动员的发展。而教练员主要为高校体育教师，这些教师长期致力于体育教学和训练一线，具备一定的教学和训练经历。但大多数体育教师也是毕业于体育或师范类院校，很少有接受过系统的专业训练的教师，并且竞训知识系统不能及时更新，导致无法确保训练效果。大多数高校教师除了教练工作之外还要承担教学、科研等工作，时间和精力难以全部投入运动队治理当中。在经费来源上，自主办队模式的经费主要来自学校自主拨款，有限的经费仅能勉强维持运动队的生存，无法满足运动队发展的需求。教练员在训练补助、学校考核、职称晋升中未得到应有待遇也导致其训练积极性不足。

(二)省队校办

省队校办包括委托和挂靠两种方式，高校承办本地区内一线运动队，负责运动队的训练以及文化教育等。省队校办通过地方体育部门与当地普通高校联合办队，将省级专业运动队搬入学校，人员经费由体育部门负责，训练由体育部门或体育部门与学校联合负责，学校负责运动员的教育管理。这种模式中运动员既是省队的注册队员，又是高校的学生和高水平运动员，训练也从原来体工队的封闭式训练转移到学校进行多元化的半封闭、半开放式训练。在学校内，运动员的学习、生活和训练都得到了拓展，人文社会氛围更加浓厚，有利于运动员的全面发展。省队校办模式有效整合了体育系统和教育系统的资源，实现了资源共享，合作共建。省队校办培养的运动员既可以代表省队参加国内和国际比赛，又能代表学校参加比赛，对展现运动员才能、提升运动员训练水平，增强运动员信心具有重要作用。因此，省队校办模式是一种值得推广的高水平运动队治

---

① 杨云霞，何春刚."一般混合型"体教结合模式中的问题与对策研究[J].科技创新导报,2015(14):117,119.

理方式,但省队校办模式对高校师资力量、场地设施、科研保障、教学管理等方面均有较高要求,一般普通高校不具备省队校办的条件。此外,省队校办的项目大多数是非奥运项目或一些社会观赏性较弱,群众基础薄弱的项目,在高校推广也存在一些困难。

(三)合作办队

合作办队,即高校与社会组织、企业等单位合作共建高水平运动队。这种模式下,学校的资源得到了充分利用,社会力量也得到了发挥。运动员的培养不仅依靠学校的教育资源,还可以通过与企业、社会组织的合作,为运动员提供更多的实践机会和发展空间。合作办队的运动员选拔范围更广,有利于发掘和选拔具有潜力的运动员,但运动队管理和维护需要各方共同努力,存在一定的难度,如各方利益的协调和管理;合作过程中可能出现的风险和问题也需要各方共同面对和解决。

第二节　高校高水平运动队治理的问题和挑战

一、管理体制不完善,招生考评制度有待优化

(一)管理体制不健全

高水平运动队的招生、考试、考评、学习、训练等方面的管理涉及教育部门、体育系统以及大学生体育协会等,其管理体制普遍存在着权责不清、管理层级过多、决策效率低下等问题。一方面,运动队的管理职权分散在不同的组织部门,如体育局、教育厅、学校、学校教务处和学生处等,导致各部门之间的协调不畅,管理效果不佳。另一方面,运动队的管理层级较多,从校领导到基层教练员,涉及多个层面的管理人员,增加了管理成本和沟通成本。由于决策层次较多,决策过程较为烦琐,导致运动队管理效率低下。

(二)招生考评制度有待优化

在高校高水平运动队招生考试环节,很多高校拥有较大的自主权,部

分高校采用的是"文化考试＋专业测试"的方式,结合自身招生需求制定考核内容和评价标准,在全国没有统一的考核指标和评分标准。有些高校在选拔高水平运动员时,没有充分展示选拔过程,公布选拔细节和标准,让考生和家长无法了解选拔的具体情况,在选拔过程中容易出现不公平、不公正的现象,不利于选拔优秀的高水平运动员①。为了提升运动员的综合素质水平,解决高水平运动员的学训问题,2021 年 9 月教育部和国家体育总局发布了《关于进一步完善和规范高校高水平运动队考试招生工作的指导意见》,对运动员等级、考试等均提出了更高要求(详见表 5-3)。

表 5-3　高水平运动队考试招生工作的指导意见变化

	2024 年之前	2024(含)年	2027 年
专业水平要求	1.二级运动员(含)以上; 2.省级(含)以上比赛中集体项目前六名的主力队员或个人项目前三名	一级运动员(含)以上	1.一级运动员(含)以上 2.近三年在国家体育总局、教育部规定的全国性比赛中获得前八名
文化分数要求	1.达到本科二批录取控制分数线; 2.专项突出,文化成绩达到本科二批录取控制分数65％,人数不得超过高水平运动员人数的30％; 3.一级运动员(或以上)称号的单独考试。人数不得超过高水平运动员人数的20％。	1."世界一流大学建设高校",须达到生源省份本科录取最低控制分数线; 2.其他高校考生成绩要求须达到生源省份本科录取最低控制分数线的80％。 3.对于体育专业成绩突出、具有特殊培养潜质的考生,高校探索建立文化课成绩破格录取机制。	
文化考试要求	1.参加高考统考; 2.申请学校单独招生考试	参加全国统一高考	

① 彭国强.国家生命周期视角下美国竞技体育强国的成长历程、特征及启示[J].体育科研,2022(2):13－22.

	2024 年之前	2024（含）年	2027 年
学习专业要求	分配到各普通专业学习	1.文化课成绩不低于招生高校相关专业在生源省份录取分数线下 20 分的，可就读相应的普通专业； 2.其余学生限定就读体育学类专业，原则上不得转到其他类专业就读。	

意见虽然能够有效提高运动员综合素质，促进学训矛盾问题的解决，促进学校之间的生源公平。但在政策执行过程中应进一步细化，要考虑到项目和地区的差异性，每个地区之间也存在项目发展不均衡情况。另外对于没有体育专业的高校而言也很可能放弃高水平运动队招生，招生指导意见有待于根据各地区、学校的实际情况进一步调整优化。

二、人才培养机制不完善，学训矛盾依然突出

高校高水平运动队的人才培养机制存在着过于注重竞赛成绩、忽视素质教育、选拔机制不科学等问题。首先部分高校过分追求运动队的竞赛成绩，将大量资源投入运动员的训练和比赛中，忽视了素质教育的重要性。高水平运动员入学后要进行运动训练、参加各种赛事，同时还要兼顾学业，这是导致学训矛盾最主要的原因。其次，选拔机制不够科学，部分高校仅凭运动员的竞技成绩进行选拔，忽略了运动员的综合素质和潜力。部分高校也缺乏对运动员的心理辅导和职业规划指导，使得运动员在面临退役、转业等问题时无所适从。

三、教练员队伍建设滞后

教练员水平的高低直接影响运动队技术能力水平的高低，也在比赛的关键时刻起到决定胜负的作用。目前学校教练员一般都由一线专职教师担任，中小学最低要求本科学历，大学至少研究生学历，他们具有一定

的竞技体育理论知识,但都没有过专业队的背景,缺乏系统全面的培训,在训练方法、赛场经验等方面存在较大差距。此外,他们除了带队训练比赛之外还要承担教学和科研工作,很大程度上限制了教练员对球队的投入,这也客观导致了当前教育系统输送的高水平运动员非常少。优秀退役运动员、青训二队、三队退役的运动员等拥有较强的专业技能和实战经验,但由于没有教师资格以及学历背景,无法进入校园承担体育训练工作。近年来虽然一直鼓励退役运动员进入学校和社区承担相应的体育教学和训练工作,但目前尚没有找到一个契合的平衡点,实现起来也存在一定困难。

四、竞赛体系不健全

比赛是检验运动员训练成果的主要方式,也是促进运动员提升竞技水平的主要渠道,高校高水平运动队的发展需要有完善的竞赛体系作为支撑。然而,目前高校运动竞赛体系还未完全确立,缺乏层次性和层级性,竞赛组织不规范,竞赛体制不系统,有些比赛项目经常变动,不能形成系统的赛制。比如最常规的三大球项目,很多地区不能每年举办,并且没有形成竞赛计划。比赛项目随意变动,导致学校无法进行针对性的备战,运动员也不能针对比赛进行系统的周期性训练。目前竞赛体系存在许多问题,一是运动员未形成较为明确的等级划分制度,部分省级或以下赛事存在着高水平运动员与普通体育生甚至非体育专业运动员进行同场竞技的情况,不利于高水平运动员赛出水平,也不利于促进普通学生参与竞赛的积极性;二是竞赛资源分配不合理,部分优秀运动员和教练员无法获得充分的参赛机会;三是竞赛成果评价体系不完善,难以客观、公正地评价运动员和教练员的竞技水平。

五、经费投入不足和社会关注度不高

高校高水平运动队的经费投入存在总量不足、分配不合理、使用不规范等问题。一方面部分高校对运动队的经费投入总量不足,导致运动员的训练条件和设施难以得到有效改善。另一方面部分学校有运动队的专项经费保障,但经费分配不合理,将大部分经费分配到了提高竞技成绩上,而忽视了运动员的素质教育和心理健康。高水平运动队的发展除了需要财政经费支持外,市场化程度不高,缺失财政外的资金支持,为了获得更好的发展,高校高水平运动队需要得到社会各界的支持。然而,目前高校高水平运动队的社会支持存在这些问题:一是社会关注度不高,高校高水平运动队的形象和价值没有得到充分传播;二是社会合作资源匮乏,部分优秀运动员和教练员难以获得更多的发展机会;三是社会监督机制不健全,部分不良现象如假球、黑哨等问题得不到及时纠正。

六、高水平运动队分布不均,不利于区域间竞争

目前我国省均高水平运动队招生最高的为东部地区,最低的为西部地区,很多城市无高水平运动队分布。除了区域分布不均之外,项目布局也存在不均衡现象,高水平运动队项目主要集中在传统的和受众范围广的项目,如田径、"三大球""三小球"、武术、游泳、健美操等,不能满足奥运会以及世界大学生运动会等项目设置需求。

第三节　高校高水平运动队治理的优化策略

一、完善管理体制,细化招生考试制度

(一)加强协同管理体制建设

高校应进一步明确高水平运动队的管理职责,减少管理层级,简化决策流程,提高管理效率。同时,加强各部门之间的多元协同管理,合力推动运动队的发展。明确高校高水平运动队的管理主体职责,明晰教育行政部门、体育、学校、社会等多元主体在高水平运动队治理中的作用关系,发挥不同主体之间的资源优势,一体化推动高校高水平运动队的建设和发展。还要制定科学合理的运动队建设规划,确保运动的发展方向和目

标,运用现代管理手段和技术,提高管理水平和效率。

(二)完善招生考试制度

要完善运动员的入学考试制度,确保公平公正的同时能够选拔出优秀的高水平运动员,针对不同项目的特性制定统一的招生考试标准和考核内容。体育部门负责全国范围内的运动员专业成绩统一考试,而教育部门则负责对运动员进行文化能力的评估,这要求运动员在提高运动技能的同时也需要加强在文化课方面的学习。体育部门需要进行的工作主要有:

(1)根据各项目的实际情况和特点制定选拔标准,标准应该公开透明,及时向社会公布。将学生的文化成绩、专业成绩、道德品质等多方面因素综合起来,作为选拔标准录取优秀人才;

(2)考试内容应逐渐转变"重武轻文"的现象,在考查学生的体育技能的同时对文化要求也要设置一个下限标准;

(3)严格管理考试过程,确保考试的公正、公平,可以邀请社会、家长参与考试过程并监督;

(4)及时公示考试成绩,减少公式流程,让所有考生可以及时看到自己的考试成绩。

同时,要设立申诉机制,公布申诉渠道,对考试成绩有疑问的考生可以提出申诉,由专门的机构进行复核。

二、改革人才培养机制

要解决高校高水平运动员的人才培养体制问题,要从基础教育抓起,使基础教育阶段的青少年学生包括体校学生的管理统一划归教育系统,并鼓励和支持体育特色学校发展。克服以往学生过早进入专业化训练的倾向,注重一般身体素质和基本技能的练习,从管理体制和操作内容上,真正构建起大、中、小学相衔接的一条龙人才培养体系。为国家培养和输送高水平的青少年竞技体育后备人才一直是高水平运动队的人才培养的目标之一,如今在体教融合的时代背景下,要拓展高水平运动队培养的目标体系,充分发挥高水平运动员在学校中的牵引、辐射作用,引领体育在学校教育中的发展,丰富校园体育文化[①],带动广大青少年学生主动参与体育运动中来。如广东理工大学篮球队获得 CUBA 全国总冠军后激发了全校师生的热情,很多学生以篮球队成员为偶像,从而积极参与到篮球运动中。

高校应坚持以人为本的原则,注重运动员的全面发展。学训矛盾问题是伴随着运动员发展的长久问题,经历了几十年的发展至今仍未有效解决。关于高水平运动员学训矛盾问题的研究多,解决实际问题的少。应加大素质教育的投入尤其是学习时间的投入,让运动员保持训练水平的同时能够有充足的时间进行文化综合素质学习,切实提高运动员的综合素质。招生学校要在文化成绩分数设置上提高要求,逐步实现基础教育阶段体育生文化成绩不低于普通文化成绩80%的要求。教育主管部门和学校要加强高校高水平运动员文化教育相关政策,通过学分制、个性化授课、补课等方式,在不降低学业标准要求、确保教育教学质量的前提下,为优秀运动员完成学业创造条件。还要完善运动员权益保障政策体系和制度安排,加强对运动员合法权益的保护,建立健全运动员权益保障的监督机制和执行力度。体育、教育部门推进国家队、省队建设改革与高校高水平运动队建设相衔接,在高水平运动队训练、竞赛、保障等方面给予大力支持,并将其纳入竞技体育后备人才培养序列。按照公开公平公正的程序选拔一定比例的优秀运动员、运动队进入省队、国家队,由其代表国家承担相应国际比赛任务。

三、加强高校高水平运动队教练员队伍建设

高校应加大教练员队伍建设投入,设置专职教练员岗位,提高教练员的数量和质量。一方面,加强高水平运动队教练员的培训和选拔工作,建立以绩效考核为依据的竞争上岗机制,优者上、平者让、庸者下,时刻保持

---

① 彭国强,杨国庆."十四五"时期中国竞技体育的发展战略与创新路径[J].首都体育学院学报,2021(3):257-267.

教练员队伍的积极性和创造性;另一方面,完善教练员激励机制,提高教练员的工作积极性,加强对教练员的管理和服务,为教练员创造良好的工作环境。通过聘用制、人事代理等多种渠道引入专业退役运动员和一线教师共同负责运动队培训,教练员负责运动队训练和比赛,教师负责运动员学训问题和心理等问题。这既能解决退役运动员的安置和就业问题,也能提高运动队专业技术水平,并具有运动员输送方面的优势。此外,学校应明确教练员的聘任制度和岗位职责、完善教练员职称考核体系、保障教练员职业发展。积极为教练员提供学习培训机会,通过交流学习、合作培养等方式让高校教练员跟随专业队学习培训,高校和专业队可以建立合作关系,共同培养教练员。高校可以定期派遣教练员到专业队进行学习和实践,专业队也可以邀请高校的专家和教授举办讲座和进行指导。高校还应选拔一些优秀青年骨干教师出国深造,学习国外先进的训练经验和竞赛体制,逐步缩小我国竞技体育尤其是"三大球"项目与国际强队的差距,全方位提高教练员执教水平。

四、优化竞赛体系,落实体教融合竞赛要求

双轨制的竞赛体制无疑会对高水平运动队的归属产生影响。在传统的竞赛体制中,体育与教育是分开的,这导致各个运动队各自为战的情况屡见不鲜。因此,我们应当在制度设置上对教育和体育的竞赛制度进行整合,逐步实现两者的融合,从根本上解决竞赛体制的分办问题,要逐步消除体与教之间的竞赛交流壁垒,推进体、教之间的资源整合,在组别设置、等级认证、参赛资格等方面逐步实现融合,形成赛制稳定、等级分明、衔接有序的青少年竞赛体系[①]。调整优化竞赛体系,立足青少年发展,使大学生体育比赛成为真正意义上的青少年体育比赛,只有这样才能使体育逐渐回归教育,才能使体教融合富有实际意义。从目前的实际情况看,可行性较强的方案是先组建一个新的赛事,吸纳教育系统和体育系统的

---

① 杨帅琦,杜放.我国学校竞技体育后备人才多元化培养模式的实践探索[J].湖北体育科技,2020(7):648—651.

优秀运动队参与,先交流、融合起来;在此基础上,再探讨允许运动员在代表普通学校和俱乐部参赛之间进行转换,从而向完全融合过渡。体、教两个系统应该在共存中谋求更好的发展,互相取长补短,建立起更加完善的青少年竞赛体系,使青少年体育人才成长的渠道更加畅通。

五、增加资金投入,提高社会关注度

高校应加大对高水平运动队的经费投入力度,确保运动员的训练条件和设施得到有效改善。一方面要合理分配经费,加强对经费使用的监管和审计,防止经费挪用、浪费等现象的发生。为了提高资金使用效率,高校应建立科学、合理的资金管理制度,明确资金的使用范围和标准,确保资金用于与竞技相关的活动。另一方面,为了解决资金来源单一的问题,高校应积极寻求多元化的资金来源,尤其是社会力量的支持。鼓励社会力量参与高水平运动队的建设和发展,通过政府购买服务或者 PPP 模式等探索多种办队方式。

(一)政府购买服务

政府购买服务能够为高水平运动队提供更专业系统的培训。政府购买服务通过发挥市场机制作用,把政府直接提供的一部分公共服务事项以及政府履职所需服务事项交由具备条件的社会力量和事业单位承担,而政府根据合同约定向其支付费用。根据各地区高校高水平运动队发展水平以及高校实际情况,通过政府购买服务将符合条件并具备一定竞争力的体育俱乐部引入校园,让有运动天赋和兴趣的孩子不花钱就能在校园里接受更专业的体育训练。政府购买服务模式中,俱乐部不用承担任何费用,学校运动员仍归属教育系统,俱乐部仅提供更专业、系统的体育竞赛和训练工作,教育行政主管部门根据合同定向支付费用给俱乐部。该模式有多重好处,第一,能够减轻学校经济负担;第二,职业俱乐部为学校选材、培训,从而打造一支具有高水平的专业队伍,提升学校知名度;第三,由于家长不愿过早让孩子进入专业青训队伍,更倾向于走学校路线,通过和学校合作建队能够为俱乐部提供更多的人才选拔基础,逐渐形成

"政府＋俱乐部＋学校"多方参与的协同育人体系。

(二)PPP 模式

PPP 模式是指在政府公共部门与私营部门合作过程中,让非公共部门所掌握的资源参与提供公共产品和服务,从而实现合作各方达到比单独行动更为有利的结果[①]。该模式以往更多地应用在公共基础设施领域,如今在高水平运动员培养方面也可借鉴 PPP 模式,即俱乐部和教育行政部门各自承担一定费用联合培养运动员。运动员有两种选择,一种是天赋较好的学生可以进入职业俱乐部二队,并保留学籍。另一种是其他学生可继续就读高中并通过体育特招进入高校。

(三)提高社会关注度

想获得社会力量支持,首先要提高大学生竞赛的市场关注度,关注的人越多、市场化程度越高,这样才能吸引更多的企业给高水平运动队进行投资和赞助。其次,应该建立赛事品牌,尤其是受众范围比较广的篮、足球等项目,通过举办体育赛事的方式筹集资金,以满足运动员训练和比赛的需求。最后,要明确竞赛组织方、参赛方以及投资方等之间的相互利益关系,治理主体间利益关系一致性是确保高水平运动队可持续发展的保障,任何一方的消极都将会导致协同治理机制的瓦解,所以要确保任何一方的利益和权益均不被忽视。

六、合理布局高水平运动队区域和项目分布

要遵循突出重点、发挥优势的竞赛原则,优化调整高水平运动队的招生项目,重点发展竞技性强、群众性基础好、市场化程度高的项目。招生项目要利于竞赛开展和体现各地方的特色,及时调整社会基础差、参与范围低、不利于开展的一些项目[②]。现有高校高水平运动队成员多数招生

---

① 孙英健.浅谈对 PPP 模式的认识[J].内蒙古科技与经济,2015(14):27.
② 杨国庆.体教融合背景下我国高校高水平运动队建设:历史考察、经验凝练与优化策略[J].北京体育大学学报,2022(7):33－46.

人数很难满足为我国国家队提供更多的优质后备人才的需要,因此只有提高基数,扩宽人才的选择面,才能在众多人才中输送最好的球员为国家效力。因此教育、体育部门要联合建设高校高水平运动队,进一步规范项目布局、招生规模、入学考试、考核评价等,并鼓励高校积极申报设立高水平运动队,合理规划高水平运动队招生项目覆盖面,加大对高水平运动队的招生力度。针对当前高校高水平运动队的规模,要逐步完善招生项目准入和退出机制,完善和修订评估体系,统一动态考核评价指标。根据各高水平运动队的参赛率、成绩积分等方式,在全国范围内通过排序对高水平运动队进行考核,遵循优者上、劣者下的动态淘汰机制,取消竞赛参与率低、竞技成绩不明显、发展潜力不佳的高校高水平运动队的建设资格。加大对中部地区以及西部欠发达地区的政策支持和鼓励力度,简化对以上地区高水平运动队的准入机制,平衡全国各地区高水平运动队的空间分布。统筹全国建设高水平运动队的高校资源,根据不同地域、不同学校的特色,促进全国高校实现平台互通、资源共享的协同治理模式[1]。

①　杨国庆.中国体教融合推进的现实困境与应对策略[J].成都体育学院学报,2021(1):1-6.

第六章　深化体校改革，完善体校体育治理体系研究

传统体校是我国竞技体育后备人才的培养的重要阵地，为我国竞技体育的快速发展做出了突出贡献。体校作为青少年体育教育的主要机构之一，其在青少年体育治理中有着特殊的地位，尤其是在培养青少年竞技体育后备人才上，有着不可替代的作用。本文将从多个角度分析体校在青少年体育治理共同体建设中的角色和地位。

第一节　体校改革的现状与问题

一、我国体校基本概况

(一)体校基本情况

体育事业统计年鉴数据显示，截至 2020 年，我国共有各级各类体校1666 所，其中包括体育运动学校、竞技体校、少年儿童体育学校（业余体校）、单项运动学校、体育中学、训练基地（详见表 6-1）。截至当前体校仍是竞技体育后备人才的主要输送者，在学校、俱乐部等众多竞技体育后备人才培养体系中，绝大多数世界级的运动员都来自体校体系或者都有体校体系经历。

表 6-1　各级各类体校数量

体校种类	省级	市级	区县级	总计
体育运动学校	24	160	32	216
竞技体校		3	15	18
业余体校	6	298	1009	1313
单项运动学校	2	12	4	18
体育中学	1	15	18	34
训练基地	5	25	35	67

数据来源：2021 中国体育事业统计年鉴

(二)体校人才输送机制

以往体校运动员的输送渠道比较单一,主要是通过逐级选拔或将竞赛成绩优异者向上一级体校输送。随着社会发展以及体教融合的实践探索,体校的人才输送机制逐步拓宽,当前体校运动员可通过体育单招进入高校高水平运动队,运动水平较高的可进一步进入省队或通过体育统考进入高校体育专业继续深造学习。单招是指高校单独组织招生考试,选拔具有体育特长的考生,对运动员的等级有明确要求,文化课考试采用单独命题的方式,比起普通高考难度相对较低。高水平运动队主要是通过体教融合的培养高水平的竞技体育后备人才参加国内外的大学生赛事,是国家竞技体育后备人才的重要储备力量。相较单招,高水平运动队对于运动员的体育成绩要求更高,在文化课方面参加普通考试,成绩达到报考学校的最低要求即可。向省队输送的运动员则是以体育成绩为主,通过大型赛事选拔成绩优秀者或者教练员的推荐形式进入省级梯队。普通体育高考和普通体育生需参加各地区组织的体育统考和文化高考,双过线后根据分数进行报考和录取,主要就读的是高校体育相关专业。

(三)体校人才培养模式

体校在人才培养上主要采用的是"一集中""二集中""三集中"的方式,即训练集中、学习集中、食宿集中,该模式在过去一段时期中为我国青少年竞技体育后备人才培养做出了巨大贡献[①]。随着社会经济发展,体教融合以及双减政策的颁布实施,体校逐步探索与学校、俱乐部展开合作,尝试开展了"体校＋学校""体校＋俱乐部"的人才培养模式。其中"体校＋学校"的人才培养模式主要由学校负责学生的文化学习教育,体校主要负责学生的运动训练,该模式培养的既是学生又是运动员,天赋突出、成绩优异的运动员可进入上一级梯队继续训练,其他的可以继续读书,通过体育单招、统考等参加高考;而"体校＋俱乐部"模式是体校向俱乐部输出专业教练员,双方共同培养青少年运动员,同时俱乐部也会借助体校的

---

① 柴生多.四川省业余体校转型发展研究[J].成都体育学院,2022.

场地、设施等硬件设备,对青少年运动员进行训练。

二、体校改革的发展历程

体校改革发展历程可以追溯到 20 世纪 50 年代。那时我国的体育教育主要是在学校中进行,以普通体育课为主。随着国家对体育事业的重视和国际体育竞技水平的提高,我国开始探索更加专业、系统的体育教育模式。

(一)早期阶段:经验借鉴、实践探索(20 世纪初至 20 世纪 50 年代)

在这个阶段,体校主要作为一种业余体育组织出现,目的是培养运动员参加各类国际和国内比赛。中华人民共和国成立后百废待兴,在体育事业建设方面参考前苏联的模式建立了业余训练中心,这些中心正是体育学校的早期形态。1955 年,三所青少年业余体育训练学校在北京、上海和天津开始试点建设,象征着我国体育学校的正式建立。从那时起,全国范围内陆续建立了多所体育学校。1956 年,原国家体委正式发布了《青年业余体育学校章程(草案)》作为我国业余体育训练的政策性引导文件,正式确立了以体校作为青少年业余训练和培养竞技体育后备人才的重要形式。到 1964 年,原国家体委再次颁布《青年业余体育学校实行工作条例(草案)》,该条例从项目设置、办学条件要求以及训练要求保障等方面提出了体校的制度化建设,并逐步建立了区县少儿体校,市级体校(重点体校)和省或市级专业体工队的"三级训练网"人才培养体系雏形。体校在创建的初期就被赋予了教育和体育的双重功能,提出利用业余时间进行运动训练,但由于中华人民共和国成立初期国家整体教育水平相对落后,体校与普通学校的教育差距不大。当时经济社会条件艰苦,训练条件有限,但进入青少年业余体校所能享受的生活待遇高于当时社会的平均水平,因此体校建立初期很多青少年愿意进入体校进行训练,使得体校规模迅速壮大。随着体育运动的普及,体校逐渐成为一种专业化的教育体系,并为我国培养青少年竞技体育后备人才的快速发展奠定了基础。

(二)发展阶段:举国体制、奥运争光(20 世纪 60 年代至 20 世纪 80 年代)

在这个阶段,体校的发展成为国家政策的重要组成部分。国家开始建立专门从事体育教育的机构,以培养更多的优秀运动员。"体教结合"的概念已经萌芽,原国家体委提出了以"体教结合"为基础的改革思路。在 20 世纪 70 年代末至 20 世纪 80 年代初,我国的体育教育体制进行了一次重大改革。这次改革的主要目标是建立更加科学、合理的体育教育体系,提高运动员的综合素质。先在北京、上海等体育学院试点培养"亦读亦训"的青少年竞技体育后备人才,此后沈阳、成都、西安、武汉等几个体院先后附属竞技体校①。为了提高体校的训练质量,1983 年国家体委实施《关于进一步发展业余训练的意见》和《关于改进业余体校竞赛的若干办法》,建立全国青少年竞赛平台,确立了以体校为中心的青少年竞技体育后备人才培养体系,此项政策在一定时期内促进了青少年业余训练和青少年竞赛工作。1986 年原国家体委印发《关于加速培养高水平运动后备人才的指示》提出,"为实现 21 世纪内把我国建成体育强国的宏伟目标,必须加强青少年儿童的训练,加速培养高水平运动后备人才",此文件正式把青少年后备人才培养视为体育强国的重要内容。此外,体校还开始探索与职业俱乐部、国家队等进行合作的道路,为运动员提供更多的比赛机会和资源。

(三)成熟阶段:构建体系、完善功能(20 世纪 90 年代至 21 世纪初)

改革开放以来我国市场经济迅速发展,确立了中国特色社会主义市场经济体制,体育事业发展也面临改革。1993 年原国家体委下发了《关于深化体育改革的意见》,明确了我国体育改革的基本思路。不再强调国家大包大揽,提出了多元化培养路径,对项目管理、国家队、竞赛体制、国

---

① 刘志云.我国高等体育院校附属竞技体校人才培养模式的研究[D].北京体育大学,2008.

际合作、备战奥运以及业余训练等多个方面进行了一系列的改革并做出了长远规划。为了实现改革目标,体校改革采取了以下措施:

1. 调整招生政策

从原来单一的选拔优秀运动员的方式,转变为选拔具有一定运动基础和潜力的学生。同时,实行分层次、分专业的招生制度,使学生能够根据自己的兴趣和特长选择专业方向。

2. 改革教学方法

采用更加科学的训练方法,如运用运动生理学、运动心理学等学科的知识,提高运动员的技术水平和心理素质。此外,还加强了对运动员的思想道德教育,培养他们的团队精神和集体主义精神。

3. 加强基础设施建设

加大对体校的投入,改善训练场地、器材等硬件条件,为运动员提供良好的训练环境。

4. 深化教练员队伍建设

加强对教练员的培训和管理,提高他们的业务水平和教育教学能力。

5. 加强国际交流与合作

积极参加国际比赛,借鉴国外先进的训练理念和方法,提高我国体育教育的国际化水平。

在这个阶段,体校的教育和培训体系更加完善。同时,体校也开始关注运动员的全面发展,除了提高运动技能外,还注重培养运动员的意志品质、团队精神和社会责任感。体校规模的不断扩大,训练体制不断成熟,但问题也随之显现。一方面,体育过于追求成绩,忽视的青少年的成长规律,不利于运动员的长远可持续发展;另一方面体校学生的文化课成绩与普通中小学生的成绩差距越来越大,更多家长不再愿意将孩子送入体校进行学习,体校的生存和发展面临严峻的问题和挑战。

(四)现代化阶段:面对挑战、深化改革(21世纪至今)

2008年北京奥运会的成功举办标志着我国竞技体育取得了辉煌的成绩,学术界将2008年之后称为"后奥运时代",至此我国体育事业进入一个新的阶段,同时也面临着新的挑战。要实现由体育大国向体育强国的转变,体校面临着新的历史任务,在夯实青少年竞技体育后备人才培养质量的同时要实现青少年的身心健康发展,通过深化体育事业改革提升体育事业发展的质量①。为了切实提高青少年体育工作,国家体育总局成立了青少年体育司,力求做好青少年精英效益的体育工作,并进一步推动普及效应的青少年体育发展。这一时期体校面临着文化教育落实不到位、家长对体校的不认可、生源减少、上升渠道受限等新问题。

2010年国务院颁布了《关于进一步加强运动员文化教育和运动员保障工作的指导意见》,从国家政策层面上支持了体校发展,并对运动员科学训练、文化教育、竞赛体系、考核监督、经费保障、学历晋升、退役保障等做出了明确指示,强调了体校教练员和文化教师的待遇、编制、职称晋升等问题,希望能够进一步加强体校工作发展②。但未能改变体校生源减少、学训矛盾、人才输送不畅等问题,体校仍面临较大的生存危机。

2020年教育部和国家体育总局联合下发《关于深化体教融合促进青少年健康发展的意见》,针对体校发展提出了指导意见:第一,推进各级各类体校改革,在突出体校专业特色和完成体育后备人才培养任务的同时,推动建立青少年体育训练中心,配备复合型教练员保障团队,以适当形式与当地中小学校合作,为其提供场地设施、教学服务、师资力量等;第二,继续贯彻落实《关于进一步加强运动员文化教育和运动员保障工作的指导意见》,将体校义务教育适龄学生的文化教育全部纳入国民教育体系,配齐配足配优文化课教师,加强教育教学管理。鼓励体校与中小学校加强合作,为青少年运动员提供更好的教育资源,创造更好的教育条件,不断提高其文化水平;第三,确保体校教师在职称评定、继续教育等方面享受与当地普通中小学校或中等职业学校教师同等待遇,合理保障工资薪

---

① 柳鸣毅.我国青少年体育赛事体系研究一理念嬗变、路径探析、青奥启示[M].北京:北京体育大学出版社,2015:25.

② 国务院办公厅.关于进一步加强运动员文化教育和运动员保障工作的指导意见[Z].2011—03—01.

酬;第四,鼓励体校教练员参与体育课教学和课外体育活动,为学生提供专项运动技能培训服务,并按规定领取报酬。

我国体校发展以来,在不同的历史时期,体校为我国体育事业发展均做出了重要贡献,是我国培养竞技体育后备人才的重要基础,不仅培养出了一批又一批的优秀运动员,为国家赢得了荣誉,而且推动了我国体育事业的发展。然而,随着社会经济的发展和人民生活水平的提高,教育理念转变、青少年体质下降、体育事业改革等,使体校的发展面临新的挑战,传统的体育教育模式已经不能满足人们的需求。因此近年来,我国又在积极探索新的体教融合模式,如校园足球、传统特色体育学校等,以期更好地服务于青少年体育工作。体校改革和发展事关我国体育事业可持续发展,是构建青少年体育治理共同体的重要一环。

第二节　体校治理面临的挑战

一、青少年体育治理改革背景下体校可持续发展治理体系有待完善

我国的体育产业市场发展相对滞后,导致体育职业化、市场化程度不高,大多数项目仍是金字塔式的培养模式,能够站在金字塔顶端的精英运动员万里挑一,而未站到金字塔顶端的更多群众运动员面临着就业、生存等压力。体育职业化发展是体育强国的重要标志之一,当前我国体育职业化发展仍处于初级阶段[①]。目前在众多体育项目中篮球和足球的职业化进程较快,其他传统项目如体操、跳水、武术等社会群众基础薄弱、娱乐性不强,从而导致职业化发展困难。篮球、足球的职业化发展虽然有了一定基础,但发展程度和水平较低,并且与世界水平差距巨大,使得职业体育道路得不到社会大众认可。在推动国家体育治理能力和治理体系现代

---

① 　钟秉枢,何俊,郝晓岑.基于"补短板"视野下的新时代中国体育强国发展道路探索[J].首都体育学院学院,2018(1):4—9.

化背景下,构建青少年体育治理共同体,体校的良性可持续治理已成为体校改革重点和关键。

随着国民教育水平的提升以及高水平运动队等的发展,更多的家长愿意将孩子送到普通学校接受教育,或者通过体育特招、单招等方式进入高校进一步学习深造,这使体校的社会地位和效益逐步下降。从 1990 年到 2020 年,我国各级各类体校从 3687 所减少到 1666 所。体育基层行政部门职能弱化[①],从以前的独立建制改革成为与文化广播电视、旅游或教育部门合并办公,基层体育治理体系滞后,对基层体校支持力度不足、关注不够,使得基层体校萎缩最为严重。基层体校的生存困难严重影响了市、省级体校的后备人才储备质量,不利于体校的可持续发展。

二、体校内部治理体系滞后

(一)管理体制不完善,进出口阻塞

目前我国体校普遍存在管理体制不健全的问题。一方面,体校与教育部门、体育部门之间的职责划分不清,导致管理层面的职责重叠和资源浪费。另一方面,体校内部管理机制不健全,缺乏管理体制,体育目标与时代发展不相符。这些问题使得体校的管理水平难以得到提高,影响了体校的整体运行效率和发展质量。体校在管理体制下仍以培养竞技体育后备人才为主要目标,但随着社会经济发展,社会治理环境变化以及教育理念现代化对体校的办校理念产生了较大冲击。国家对体育事业的投入虽然逐年增加,但相对于其他行业,体校的投入仍然较低。目前体校的经费来源主要是财政部门的全额或差额拨款以及收取学费、训练费,这使得体校在基础设施建设、师资队伍建设、学生培养等方面难以得到足够的支持,严重影响了体校的教学质量和人才培养水平,体校的经费仅可维持生存,难以满足发展的需求,无法开展先进、现代化的训练方式。此外,基层青少年体育训练设施不够健全,设施配备普遍不足。大多数业余体校的

---

① 　肖剑,潘允忠.我国中等体育运动学校发展研究[J].体育文化导刊,2008(5):99—100.

场地设施和器材达不到训练和比赛要求,只有极少数业余体校建设了体育馆、游泳馆、健身房等设施。

在体校的项目设置上也受到诸多外界因素影响,群众基础好、娱乐性强以及市场化程度高的项目受市场等影响,导致体校生源进一步受阻。如篮球、足球等集体项目投入经费大,以及专业俱乐部的快速发展都对体校产生了较大冲击。传统体校管理体制仍是"唯金牌论",在训练过程中忽略了青少年的成长规律"揠苗助长"。青少年儿童由于身体发育未成熟,不适宜开展过多的力量训练,应培养他们的技术、战术能力,尤其是集体大球项目。我国的 U12 小篮球在国际赛场上成绩突出,但是运动员到了 16 岁以后在国际赛场却无一席之地,主要因为在儿童时期,国外一些体育强国培养的是技术水平、战术意识等,而我们则是以体能、力量训练为主,忽略了基本功的练习,我们的孩子经过训练,身体比对手强壮,所以在当前阶段能够取得一定成绩,但非常不利于长远发展。

(二)招生渠道阻塞,上升通道单一

招生是体校生存的基础,上升是体校发展的重要条件。社会经济的快速发展,带来了社会文化、教育理念等一系列的变化,人们对生活质量的追求和个人的发展越来越重视。社会治理环境的改变导致体校以培养竞技体育后备人才为主要目标的发展模式与当今社会发展目标以及教育发展方式产生了较大分歧,脱离了社会认可。在过去,很多家长认为体校培训可以为孩子提供更好的发展机会,因此愿意将他们送到体校。然而,随着教育观念的转变,越来越多的家长更加注重学习成绩和综合素质的培养,而不愿意将孩子送到体校接受专业体育培训。教育改革让更多的青少年进入学校接受文化教育,而体育仅作为一个兴趣爱好进行可有可无的培养,因此越来越多的家长对运动员职业不认可,认为走专业体育道路的前景不明,出路狭隘。如今人均可支配收入增加,职业体育已不是人们追求的目标,人们参加体育活动的主要目的是健身、娱乐和交往等,而青少年参与体育锻炼的主要目的是锻炼身体,培养兴趣爱好。这使得以竞技体育后备人才培养为唯一目标的体校与社会发展目标和青少年参与业余体育锻炼的动机不一致,进而导致体校招生越来越困难。

1. 招生渠道阻塞

在招生方面,体校生源一直以乡村地区和学习成绩不突出的青少年为主,由于区县体校萎缩,使得处于一线的招生主阵地数量越来越少。同时,城市的青少年"怕吃苦",家长更重视孩子的文化教育,使得市级体校的生源不佳。经过分析认为,导致体校招生渠道阻塞的原因有以下六点。

(1)社会观念转变

随着社会的发展和教育观念的转变,越来越多的家庭和学生认为文化成绩和专业技能对未来的发展更为重要,而体育成绩在升学、就业等方面的作用相对较小。比起传统体校如千军万马过独木桥,教育体系无疑有更多的选择,哪怕不能走职业道路,也同样可以利用自己的所学专业做到最起码的谋生。现在进入体校的学生大多数是因为:第一,从小就看到了绝对的天赋,比如篮球项目的身高优势;第二,家庭条件较差,希望通过体育改变家庭命运;第三,家庭条件非常优越,可以无条件地支持孩子的兴趣爱好,没有升学压力。剩下的很多家长不愿意送孩子进入体校,他们更希望孩子能够接受高等教育,这就导致体校选材面越来越窄,更多有天赋的孩子被埋没。因此,一些学生选择放弃体校,转而进入普通学校学习或进入普通学校练习体育。

(2)教育资源分配不均

在很多地区,优质的文化教育资源主要集中在普通中学和重点大学,而体校的教育资源尤其是优秀的文化课教师相对匮乏。这就导致体校的学生无法接受更全面的教育,不能全面发展,这也是很多家长和青少年不愿意过早地进入体校的主要因素之一。

(3)体育产业发展不平衡

随着体育产业的不断发展,越来越多的人开始关注职业体育,而非传统的学校体育。这使得一些优秀的体育苗子被输送到职业俱乐部或专业队,而不是传统的体校。

(4)体育教育改革

近年来,我国对体育教育进行了一系列的改革,如取消中考体育加分政策等,使得一些原本依赖体育特长的学生失去了进入体校的机会。

（5）家庭压力

随着社会竞争的加剧,家长对孩子的期望值越来越高。许多家长希望孩子能够在学术上取得优异的成绩,以便在未来有更多的发展机会。因此,一些有体育天赋的孩子可能会受到家庭的压力,放弃体校的选择。

（6）文化课要求提高

随着高考制度的改革,文化课成绩在升学中的比重逐渐增加,高水平运动队的文化成绩逐步提高,使得一些想通过体育道路升学的家长和青少年学生望而却步,从而选择其他途径进行深造。

2. 上升渠道单一

体校的人才输送仍是以竞技体育后备人才为主,向上一级体校或专业队输送后备人才。体校作为培养优秀运动员的摇篮,会通过各种选拔活动选拔具有潜力的体育特长生,这些选拔活动通常包括体育比赛、体能测试、技能测试等。选拔出的体育特长生将进入上一级体校接受专业的训练,为国家队输送人才。但成为精英运动员,上升更高一级走向职业化道路的竞争异常激烈,金字塔式的上升渠道"成材率低、淘汰率高"。很多未能进入金字塔尖的运动员不得不面临失业、生存等生活问题。而另一个上升渠道就是通过高水平运动队招生、体育特长生等进入高校继续深造。无论何种渠道进入高校对文化课都有一定要求,体校生的运动成绩毋庸置疑,但是文化成绩一直是短板,很多体校生进入中学阶段后迫于学习压力开始补习文化课,没有时间进行体育训练,导致运动员大量流失,还有一部分继续坚持在体校就读训练的运动员,在进入高校的这一上升渠道中大多因为文化成绩分数不够而无法进入高校继续深造。与此同时,很多中学不再招收体育特长生,使得一部分体校运动员无法升学而过早地踏入社会。

三、体教融合不畅,文化成绩提升困难

由于体校的文化课师资水平较低,体校整体学习氛围有待加强,使得体校运动员的文化素养一直是阻碍体校发展的短板,如今这个短板已经

越来越影响体校的生存和发展①。体教融合意见的实施对体校发展提出了新的要求,尤其是注重运动员全面素质的培养,但是由于体校对文化学习重视程度不足,导致优秀的文化课师资力量欠缺。部分体校课程设置过于重视竞技体育,忽视了普通学生的体育教育需求。此外,体校现行的评价体系过于注重比赛成绩,导致部分体校过分追求竞技成绩,忽视学生的全面发展。如今青少年的身心健康全面发展已经受到了社会各界的关注和重视,体校主要培养的是青少年的身体健康,在文化学习以及全面发展方面虽然已经受到一线教练员和青少年运动员自身的重视,但仍停留在"思想上重视,行动上忽视"的现实状况,只有做到"知行合一"才能切实做好体教融合,才能从根源上解决"学训矛盾"的难题。

四、教练团队建设困难,竞赛体制不完善

我国青少年竞技体育人才培养体系中最重要的资源是教练员,但在教练员队伍建设方面还存在着很多问题,不能充分调动教练员的积极性和创造性。同时,由于我国青少年竞技体育后备人才培养体系中缺少对教练员队伍的考核与评价,导致很多教练员缺乏学习热情,对青少年竞技体育后备人才培养不够重视。

我国青少年竞技体育后备人才培养体系中最重要的竞赛是全国青少年体育联赛,但目前我国还没有一套完善的全国性青少年竞技体育竞赛体制,导致很多青少年运动员在参加省级、国家级赛事时没有竞争优势,这在一定程度上影响了我国青少年竞技体育后备人才培养体系的发展。我国大部分青少年运动员参加体育赛事的机会较少,这不仅对运动员个人发展造成了影响,同时也对我国竞技体育的发展造成了一定影响。此外,由于体育竞赛体制不完善,导致很多青少年运动员参加比赛的积极性不高,这不仅影响了我国竞技体育的发展,还阻碍了我国整体水平的提高。并且体育系统和教育系统的竞赛壁垒仍未消除,也对体校运动员发展造成了一定的影响。

---

① 胡小明.从"体教结合"到"分享运动"——探索竞技运动后备人才培养的新路径[J].体育科学,2011(6):5—9.

第三节　深化体校治理的策略

一、深化体校改革，完善体校可持续发展的治理体系

深化体校改革，推动竞技体育后备人才培养工作高质量发展，是培养高水平竞技体育后备人才的迫切需要，是全面推进素质教育和体育强国建设的重要内容。根据《关于深化体校改革促进青少年体育发展的意见》《关于加强青少年体育俱乐部和足球特色学校建设的意见》《关于全面加强和改进新时代学校体育工作的意见》等文件要求，要在新时代深化体校改革，进一步完善体校体系建设，完善体校与学校相融合、体教融合的竞技体育后备人才培养体系。

体校是我国竞技体育后备人才培养的重要载体，应从体校逐步过渡到"体校学校化"，从过去单一的以体育系统为主的竞技体育后备人才培养模式转变为以学校和社会共同培养青少年运动员为主体的多部门参与、多方协作的新模式。

在深化体校改革，完善体校治理体系的过程中，需要做好以下几方面工作：

(一)进一步完善管理体制和运行机制

充分发挥政府部门的主导作用，推进社会治理机制、市场机制的逐步融合[①]，构建多元化的人才培养体系[②]。实现竞技体育后备人才培养的全覆盖，构建起从学校到体校再到俱乐部的多层次培养体系。学校是竞技体育后备人才培养的重要载体，要重点解决青少年运动员的文化教育问题；在体校层面，要重点解决竞技体育后备人才培养问题，建立健全以体校为核心的竞技体育后备人才培养体系。

---

① 柳鸣毅.国家体育治理体系和治理能力现代化的思考[J].国家治理,2016(5):77—82.
② 杨国庆.我国竞技体育后备人才多元化培育模式与优化策略[J].上海体育学院学报,2017(6):17—22.

(二)积极推动体校与学校融合发展

通过加强体校与学校融合,实现竞技体育后备人才培养模式的转型升级,提升体校办学质量;推动体校与学校教育机构合作,建立体校与学校的沟通机制,通过发挥学校的教育资源优势,在教学、训练和竞赛方面形成优势互补、资源共享,以竞技体育后备人才培养为核心,建立起"培养-输送-激励"的立体教育培养体系;推动体校与社区、企业合作,建立体校与社区、企业联合办学机制,实现体校在社会上的全方位覆盖;推动体校向家庭延伸,通过家、校合作共同培养青少年运动员的方式实现家庭对体育的参与和支持,家长不再仅仅将运动训练看作孩子升学的"敲门砖",而是把体育运动作为促进孩子全面发展的重要手段。

(三)明确定位,突出各级体校的重点项目

经过多年的发展,各级体校平均都具有十多种项目的训练规模,多以田径、水上项目、足篮球等基础大项和举重、体操、乒乓球等传统优势项目为主,各体校均以向国家输送优秀的竞技体育后备人才为主要目标。国家体育总局为了强化各级体校培养竞技体育后备人才的职责,通过制定标准、增加经费支持等措施,以及命名高水平体育后备人才基地的方式提高体校的办学层次,但人才基地的命名考核主要以奥运冠军为衡量依据,缺乏对重点项目的后续跟进。因此我国各类体校的项目布局应优化布局、整合优势资源、突出重点[1],如足球运动学校、体育特色项目学校等,在此基础上突出田径、跳水、举重、乒乓球、体操等传统优势项目;重点发展一批三大球单项学校;结合各地区实际情况新建一批新兴、特色项目体校,比如冰雪、攀岩等项目,建立"一县(区)一品、一校一品"的体校重点项目布局结构[2]。

二、加强体校内部治理,多元化体校进出口渠道

随着社会的发展,体育产业逐渐成为国民经济的重要组成部分,体育

---

① 鲍明晓.构建举国体制与市场机制相结合新机制[J].体育科学,2018(10):3-11.

② 柳鸣毅,但艳芳,张毅恒.中国体育运动学校嬗变历史、现实问题与治理策略[J].体育学研究,2020(3):64-77.

人才的培养也日益受到重视。体校作为培养体育人才的主要基地,其招生工作的质量直接关系到学校的发展和体育人才的培养质量。如何完善体校的招生渠道,提高招生质量,成为体育学校亟待解决的问题。首先要明确招生目标和定位,使体校的人才培养目标与当前社会治理环境相一致,改变培养竞技体育后备人才培养的单一目标和定位,要根据国家政策、市场需求、学校特色等多方面因素进行综合考虑。同时,还要结合学校的办学条件、师资力量等实际情况,制订出符合自身发展的招生计划。只有明确了招生目标和定位,才能有针对性地开展招生工作,提高招生质量。其次要与中小学尤其是拥有优秀师资力量的学校建立长期合作关系,通过举办各类体育活动、培训课程等方式,提高学生对体育的兴趣和参与度,从而吸引更多的学生报考体育学校。此外,还可以与中小学共建运动队,选拔优秀运动员加入学校的代表队,为学校的竞技水平提供有力保障。再次,要加强宣传推广,改变社会对体校的传统认知。随着互联网的普及,网络平台已经成为人们获取信息的重要途径。体育学校可以利用微信、微博、抖音等社交媒体平台,发布学校的招生信息、人才培养、教学成果等内容,吸引更多关注。同时,还可以开设官方网站,详细介绍学校的办学理念、师资力量、设施条件等信息,为考生和家长提供便捷的查询服务。最后要改变以往的单一录取渠道,吸引更多优秀的学生报考体育学校,可以根据不同专业的要求,实行多元化的录取方式。例如,对于某些急需人才的专业,可以适当降低文化课成绩的要求;对于其他专业,则可以加大对文化课成绩的考核力度。还可以实行推荐免试入学、艺术特长生加分等政策,为不同类型的学生提供更多的机会。

运动员的上升渠道主要是进入上一级体校或职业队以及升学,但这两种渠道均不能覆盖大多数体校运动员,仍有绝大多数体校出来的青少年面临毕业即失业的情况。因此要在体教融合背景下,积极开展"双轨制"人才培养模式,即在普通高中和体校之间建立"双轨制"人才培养模式,让更多有运动天赋的学生有机会进入体校接受专业训练,让运动员在接受系统的专业训练的同时,也能学习文化知识。这样既能提高运动员的文化素养,也能为其未来的发展奠定基础。同时,还要加强对普通高中学生的体育锻炼和素质教育,提高整体体育素质,让青少年既是运动员又是学生,为学生运动员增加一条上升路径。政府应当加大对优秀运动员出国深造的支持力度,为他们提供更多的学习和发展机会,培养具有国际视野的高水平运动员。还可以引导体育产业的发展,支持退役运动员利用自身专业优势自主创业。目前体育产业还处于发展阶段,具有较大的市场潜力和发展空间,但缺乏专业的人才。退役运动员有着专业的运动训练经历和丰富的训练手段,政府应加强对专业运动员的创业支持,设立退役运动员创业专项资金,或学习"大学生就业创业贷款"方式鼓励银行出台"运动员就业创业贷款",通过免息或低息等方式给予运动员资金支持。并在政策上简化流程,用绿色通道等方式对退役运动员创业给予政策支持。

三、探索多渠道的体教融合路径,切实解决体校学生学训矛盾

体校主要围绕青少年竞技体育后备人才培养、运动员文化教育和退役运动员就业安置等开展工作;而教育系统则把主要精力放在增强学生体质,促进青少年身心健康发展上。由于各自的工作目标任务不同,导致体教融合进程不畅,难以形成合力。应探索建立体教联合体,在体育和教育部门指导下,各运动项目管理中心、各级体育协会、体校、俱乐部等多元主体共同参与、协商与合作。通过多部门、多渠道的合作切实解决困扰体校已久的学训矛盾问题。可见学训矛盾产生是由教、体两个部门对于运动员学、训关系处理不当,权重考量不当造成的。为此,要形成较为完备的青少年运动员文化保障体系,不仅要提高教练员、运动员的思想认识,还需采取切实的措施和教学手段优化青少年运动员学习的外部环境。

(1)增加教育投入。政府和学校应当加大对体校的教育投入,包括师资队伍建设、教学设施设备等方面。这样可以为体校提供更好的教学环境,提高教学质量。

(2)优化师资队伍。选拔优秀的教师和教练员队伍,加强对在职教师的培训和教育,提高教师的教学水平和专业素养。同时,引进具有丰富经

验和专业知识的教练员和文化教师,提升体校的整体教育水平。

(3)完善课程设置。根据学生的训练时段灵活安排文化教学时间,课程设置、教学大纲计划与普通学校一致,逐步推动体校学生与普通学校达到同样的文化要求。

(4)创新教育模式。要明确教学课程的目标,包括提高学生的德育、智育、美育等,这些目标应该与普通学校的教育理念和对学生的要求相一致。根据课程目标,设计相应的课程内容,同时也需要考虑课程的难易程度和学生的学习能力。借鉴国内外先进的体育教育理念和方法,不断创新教育模式,提高教育质量。

(5)加强信息化建设。利用现代信息技术手段,如互联网、大数据等,实现教育资源的共享和优化配置。通过建立线上教育平台,让学生可以随时随地学习文化知识。

(6)建立评价体系。建立科学、合理的文化学习评价体系,对学生的文化素质进行全面、客观的评价。借鉴国外体校经验,在体校内部组织文化成绩考试评定,对于评定不及格的学生实行分流等方式提升体校的学习效果。同时,也需要对学生的学习态度和进步情况进行评价,这样既可以激励学生努力学习,也有利于学校了解教学效果,及时调整教育资源配置。

(7)提供反馈和改进。根据评价结果,及时向学生和教师提供反馈,以便教师调整和改进学习进度计划、教学方式方法等,做到因材施教。学生根据反馈结果进行查漏补缺,有针对性地进行学习,提高学习效果。

四、提升教师教练员队伍素质

提升我国教练员队伍素质,尤其是国际化水平非常关键。通过招聘、选拔、兼任等多种方式和渠道,引进、聘任一批具有丰富教学经验和高水平技能的教练员,可以为队伍注入新的活力。同时在体校配备一些高学历的科研人员开展体育科学研究,建立教练员与体育教师的共享、协同机制,使教练员可进入普通学校辅助开展训练工作,体育教师、高校体育科研人员可以到体校开展科学研究,通过科研反哺运动训练发展。

提高教练员的业务水平和教育教学能力是提升队伍素质的关键,通过组织定期的培训班、讲座、研讨会等形式,邀请专家和优秀教练员进行授课和经验分享,有利于帮助教练员提高教育教学水平。在聘请国际高水平教练员时,可以组建教练团队,跟队学习,选拔一批教练员"送出去",学习国外先进的体育训练和竞赛经验,培养一批具有国际能力的教练员和裁判员,有助于提升我国体校的国际化水平。通过设立奖励、评优等方式,能够激发教练员的工作积极性和创新精神。对于表现优秀的教练员应给予适当的晋升机会,使其在职业发展上有更多的空间,还要深化教练员的职称制度改革,畅通体育系统教练员的职称申报渠道,将运动员的文化学习成绩纳入教练员的考核指标,激励教练员参与和监督运动员的文化学习。

关注教练员的个人发展,为他们提供学习和成长的机会。可以鼓励教练员参加各类比赛、培训等活动,拓宽视野,提高自身素质;在体校内部营造尊重知识、崇尚学习的氛围,使教练员自觉追求业务水平的提高和个人的成长。

五、转变竞赛目的,重构青少年竞赛体系

在青少年的竞赛中,应明确举办各级各类比赛的目的,根据青少年的身心发展规律和特点组织竞赛。少年儿童的比赛侧重于基层体育运动的推广,以培养兴趣,注重基础训练为主,不宜过早地追求竞技成绩;进入中学后的青少年阶段侧重锤炼队伍,提高运动技术水平,输送后备人才;大学阶段体育竞赛应以检验训练效果,提高运动员的竞技能力,创造社会价值,实现以赛育人目标为主。要创新比赛组织形式,通过将教学和比赛相结合的方式,让青少年在实际比赛中得到锻炼和提高。组织定期的内部比赛和校际比赛,为学生提供实战机会和经验,同时由专业教练进行指导和辅导,帮助他们发现问题并改进。体校竞赛体系需与普通学校教育紧密结合,让竞技活动成为课程的一部分。通过制定相关政策和规定,确保

学生在参与竞赛的同时也能保证学习进度,追求体育与学业并重的平衡发展。鼓励和组织青少年运动员参加国际性的体育竞赛和交流活动,与其他国家和地区的优秀青少年运动员进行交流学习,提高国际竞赛水平。

第七章　青少年体育俱乐部治理研究

青少年体育俱乐部作为青少年体育活动的重要组织形式,对于提高青少年的身体素质、培养体育兴趣和运动技能具有重要意义。2020 年6 月,国家体育总局、教育部等八部门联合下发《关于促进和规范社会体育俱乐部发展的意见》,其中提出"大力支持民办非营利性社会体育俱乐部和面向青少年的社会体育俱乐部发展,重点引导、扶持依托社区、企事业单位、体育场馆举办民办非营利性社会体育俱乐部和面向青少年的社会体育俱乐部"[①]。随着我国体育事业的不断发展,青少年体育俱乐部的发展在近几十年来也取得了显著的成果。体育俱乐部作为学校、体校之外青少年体育活动的重要补充,逐渐成为青少年竞技体育后备人才培养和青少年参加体育锻炼的重要场所[②]。青少年体育俱乐部的数量逐年增加、受众范围越来越广、结构不断优化、社会影响力逐步提升,但规模的增加和市场竞争日益激烈使得青少年体育俱乐部的治理也面临着新的挑战。

第一节　青少年体育俱乐部的内涵

伴随着我国经济社会的发展,青少年体质健康却不容乐观,近年来,青少年肥胖、近视问题越加严重,老龄病青年化现象逐渐增多,日益严峻的青少年体质健康问题促使许多学校和家庭逐渐重视青少年的体质健

---

① 国家体育总局,教育部,公安部,等.关于促进和规范社会体育俱乐部发展的意见[Z].2020.

② 胡雅静.新时代我国青少年体育培训机构能力建设研究[D].武汉体育学院,2020.

康。此外,我国青少年竞技体育后备人才短缺,不利于体育强国建设的可持续发展。为了促进青少年体育工作取得新的突破,青少年体育俱乐部应运而生,它是体育社会组织的一种新形式,是实现全民健身计划,深化体教融合发展,落实奥运会增光计划的重要内容。

一、青少年体育俱乐部的发展历程

(一)初创阶段(20 世纪 80 年代—20 世纪 90 年代初)

改革开放以来,我国体育事业得到了空前的发展。20 世纪 80 年代,随着国家对体育事业的重视程度不断提高,青少年体育俱乐部在全国范围内逐渐兴起。这一时期,青少年体育俱乐部主要以学校体育社团为基础,通过选拔、培训等方式选出具有一定运动天赋的学生,组成各类体育俱乐部。这些俱乐部主要包括足球、篮球、排球、乒乓球等传统项目,以及田径、游泳等新兴项目。

(二)发展阶段(20 世纪 90 年代初—21 世纪)

20 世纪 90 年代,我国体育事业发展进入了一个新的阶段。在这个阶段,青少年体育俱乐部的数量和规模不断扩大,活动内容和形式也日益丰富。一方面,国家加大了对青少年体育俱乐部的投入,提供了更多的场地、器材和资金支持;另一方面,社会力量也开始积极参与到青少年体育俱乐部的建设中来,他们对俱乐部进行捐助,支持青少年体育俱乐部的发展。青少年体育俱乐部的活动范围不再局限于学校内部,而是逐渐向社区、乡村等基层延伸,形成了较为完善的组织网络。

(三)成熟阶段(21 世纪初至今)

21 世纪,我国青少年体育俱乐部的发展到了一个全新的阶段。这一时期,青少年体育俱乐部的数量逐步增加,规模进一步扩大,活动内容和形式更加丰富多样。一方面,国家继续加大对青少年体育俱乐部的投入,出台了一系列政策,如《关于加强青少年体育工作的意见》等,为青少年体育俱乐部的发展提供了有力的政策保障;另一方面,社会力量对青少年体育俱乐部的支持力度不断加大,一些企业、社会团体和个人纷纷参与到青少年体育俱乐部的建设中来,为青少年提供了更多参与体育锻炼的机会和场所。在这个阶段,全国各地都逐步开展了青少年体育俱乐部活动,使其成为青少年体育活动的重要组织机构之一。

二、青少年体育俱乐部的概念及运营

青少年体育俱乐部是一个专门为青少年提供体育活动的组织。这些俱乐部通常由学校、社区或其他组织建立,旨在提供一个安全、有趣和有教育意义的环境,让青少年能够参与各种体育活动,如足球、篮球、游泳、田径等。青少年体育俱乐部的主要目标是促进青少年的身体健康、培养社交技能和团队合作精神。通过参加体育俱乐部的活动,青少年可以锻炼身体,增强体质,预防肥胖和其他健康问题。此外,青少年体育俱乐部还为青少年提供了一个结交新朋友的机会。青少年可以结识来自不同背景和兴趣的同龄人,拓宽自己的社交圈子。这对于他们的心理健康和个人成长非常有益。

(一)青少年体育俱乐部管理模式

国家体育总局自 2000 年起在全国推动体育俱乐部的创建工作,各级体育行政部门一直稳步推进体育俱乐部建设工作。青少年体育俱乐部是一种新型的社会体育组织,旨在为广大青少年提供公共体育服务。当前青少年体育俱乐部主要采用的管理模式为行政管理模式、社会管理模式以及行政与社会相结合的管理模式,其中行政管理模式占比最多,青少年体育俱乐部的发展对政策的依赖性依然较大,市场竞争力不足。1999年,国家体育总局颁发《关于创办青少年体育俱乐部的通知》,对俱乐部的组织结构、社会职能都提出了明确的要求。通知指出:"青少年体育俱乐部是试点单位利用自己所拥有的体育场(馆)、人才等社会资源建立起来的一种社会体育组织,它具有公益性、非营利性、民间性等特征,且向全体青少年敞开大门,是今后国家倡导并引导发展的旨在广泛吸收广大青少年参加日常体育活动、施展才能及发挥个性的社会组织"。目前青少年体育俱乐部的创办形式分为三类,分别是依托学校、体校以及体育场馆、单项运动协会等创办的俱乐部,其中依托学校创办的俱乐部数量最多。青少年体育俱乐部虽然是一个独立的法人组织,但在创办初期由于体育资源和经费比较欠缺,一般都是采用挂靠或依托当地体校、学校、社区的体育场馆进行运营的管理模式,这种管理模式决定了俱乐部对依托单位具有很强的依赖性,缺乏市场竞争力。这种模式在前期有利于俱乐部依托资源快速发展,但从长远的角度来看,不利于市场竞争能力的提高。因此挂靠或依托单位应充分进行"放管服"改革,促进俱乐部市场化发展,推进俱乐部的自我运营和竞争能力提升。

(二)青少年体育俱乐部注册及管理制度

青少年体育俱乐部要想正常运营,就必须经过政府注册,以取得合法地位。但当前阶段,青少年体育俱乐部的注册缺乏规范,有些俱乐部注册为社会团体,有些注册为企业,还有些俱乐部注册为民办非企业单位,缺乏统一的行为规范。青少年体育俱乐部的主要管理形式采用董事会负责制、理事会负责制、总经理负责制以及主任负责制等组织形式,其中采用主任负责制的俱乐部最多。董事会负责制通常由第一次股东选举大会选举产生的董事会成员负责内部管理和对外行使权力,是现代企业制度中最重要的管理制度之一。理事会是俱乐部在决策和管理方面的最高权威机构。从管理体制角度来说,董事会负责制更加民主,决策水平相对较高。主任负责制是依托单位指派负责人员对青少年体育俱乐部进行管理的行政制度,这种管理制度通常存在于依托单位是学校和体校的俱乐部。

(三)青少年体育俱乐部的资金支持

资金支持是青少年体育俱乐部赖以生存和发展的重要基础保障。根据国家相关政策规定,青少年体育俱乐部在创建初期运作经费主要来自体育彩票公益资助,针对国家级、省级和市级青少年体育俱乐部级别按一定的比例进行投入。随着社会发展和青少年体育俱乐部运营制度的完善,我国青少年的体育俱乐部经费来源得到了拓展和丰富,包括体育彩票公益资金资助、政府拨款、社会企业、个人的赞助及捐赠、会员会费、依托单位拨款、经营创收等多种渠道相结合的资金支持方式。虽然青少年体育俱乐部的经费来源开始向多元化发展,但公益援助和政府拨款仍是主要来源渠道。对于大多数俱乐部来说,目前都存在着资金不足、社会融资困难等现象。究其原因是俱乐部的组织机构不健全,法律法规和规章制度不完善、管理理念不到位、缺乏市场化经营的理念等,青少年体育俱乐部属于非营利性组织,所以自主筹集资金非常必要。现阶段我国大部分的青少年体育俱乐部都采用政府资助主导型的资金筹集模式,或者依靠依托单位拨款。在政府资助和依托单位财力不足的情况下,就会导致俱乐部的资金周转困难,致使俱乐部举步维艰。一些探索市场化发展的俱乐部,由于经济效益不佳,收入难以覆盖支出,导致俱乐部的企业赞助主体更换频繁、盈利困难等现象,也是制约青少年体育俱乐部发展的重要因素之一。

(四)青少年体育俱乐部的主要服务内容

1. 开展体育技能培训

体育技能培训是青少年体育俱乐部的核心服务项目之一,充分利用寒暑假,组织多种多样的体育冬、夏令营俱乐部的活动。当前开展培训项目较多的是篮排足、乒羽网等传统体育运动项目以及田径、游泳等基础项目,其中篮球、足球、田径、羽毛球等项目占比最大。篮球、足球具有广泛的群众基础,市场化程度较高。田径项目是运动之母,为青少年体考提供培训服务以及承担培养竞技体育后备人才的需要。乒乓球、游泳、羽毛球、健美操等则是从青少年兴趣角度出发,提供青少年体育服务。

2. 新兴特色项目培训

除了开展传统的运动项目培训之外,我国部分青少年体育俱乐部还积极开展特色体育项目培训,如极限运动、攀岩、滑雪等。这些特色体育项目不仅可以锻炼青少年的身体素质,还可以培养他们的意志品质和精神风貌。随着国家体育旅游市场的发展以及冬奥会的申办,使得多种特色项目开始兴起,逐渐成为青少年体育俱乐部的新兴服务项目。

3. 体育赛事组织与参与

为了提高青少年的竞技水平和能力,我国青少年体育俱乐部还会组织各类体育赛事,如校园篮球赛、足球赛、乒乓球赛等。通过参加这些比赛,青少年可以在实战中提高自己的技能水平,增强自信心。同时通过青少年体育比赛,可以扩大俱乐部的社会影响力,打造竞赛品牌,吸引社会资金融入。

4. 体育文化传播与推广

青少年体育俱乐部还承担着传播体育文化、推广体育知识的任务。通过举办各类讲座、展览、演出、社会公益等活动,向青少年普及体育知识,传播体育文化,提高他们的体育素养。

5. 心理健康教育与辅导

近年来,青少年心理健康问题日益突出,已经逐渐成为影响青少年健康发展的关键要素。因此,我国的青少年体育俱乐部也致力于进行心理健康的教育和指导,旨在帮助青少年树立正确的世界观、人生观和价值观,培养健康的心理素质。通过心理咨询、心理测试、心理训练等方式,为青少年提供专业的心理支持和帮助。

三、完善青少年体育俱乐部治理的意义

青少年代表着国家的将来和整个民族的期望,他们的健康发展直接影响到国家的兴旺发达和整个民族的持久繁荣。因此,加强对青少年学生的心理健康教育显得尤为重要。对于青少年来说,参与体育锻炼是促进他们身心健康发展的关键路径,而青少年体育俱乐部则是培养青少年体育兴趣、提高运动技能、培养团队精神和提高竞技水平的综合性组织。本文将从多个方面分析支持青少年体育俱乐部发展的重要意义。

(一)促进青少年身心健康成长

体育锻炼可以增强青少年的体质,增强心肺功能、增强肌肉力量和耐力、提高身体灵活性和协调性;促进身体健康发育、增强抵抗力和免疫力预防疾病。通过参加体育俱乐部的各种活动,青少年可以锻炼身体,增强

体质,形成良好的生活习惯,还可以促进新陈代谢,改善消化系统功能,提高身体的整体健康水平。此外,体育运动可以锻炼青少年的意志品质,培养他们面对困难和挫折的勇气。在体育俱乐部的训练和比赛中,青少年可以学会调整心态,克服心理障碍,形成积极向上的人生态度。体育运动可以发挥"以体育人"功能,有助于青少年树立健康的世界观、人生观和价值观,培养良好的道德品质。通过参加体育俱乐部的活动,青少年可以在团队合作中学会尊重他人,关爱集体,形成团结友爱的氛围。

(二)提高青少年运动技能水平

体育俱乐部拥有专业的教练员和丰富的教学资源,可以为青少年提供科学、系统的训练方法和技术指导。在专业教练的指导下,青少年可以提高运动技能水平,更好地挖掘自己的运动潜能。体育俱乐部是一个汇聚了众多热爱运动的青少年的平台,他们可以在这里结识志同道合的朋友,共同分享运动的快乐。通过与其他运动员的交流学习,青少年可以拓宽视野,提高自己的运动水平。俱乐部活动还可以帮助他们学会与他人合作,尊重他人,培养良好的人际关系。体育俱乐部内部以及各俱乐部之间通常会组织各种比赛活动,让青少年在实战中检验自己的运动水平,在紧张激烈的竞争中不断提高自己,增强自信心。

(三)培养青少年团队精神和竞技精神

体育活动往往需要团队合作完成,如篮球、足球等项目。在这个过程中,青少年可以学会如何与他人沟通、协作,培养团队精神。一个团队的成功离不开每个成员的共同努力,这种团队精神对于青少年的成长至关重要。另外,体育比赛中的竞争激发了青少年的斗志和进取心。在竞技场上,他们学会了如何在压力下保持冷静,如何在困境中奋发向前,这种竞技精神对于青少年的健康成长和未来发展都具有良好的促进作用。体育俱乐部可以为青少年提供参加比赛和比拼的机会,有助于培养他们的竞争意识、坚持不懈的品质和应对逆境的能力,同时也教会他们接受失败和胜利。

(四)为学校体育事业发展助力

学校是培养青少年的主阵地,除了开展青少年体育工作之外还承担着德、智、美、劳等各项教育工作,但在体育事业上存在着师资力量不足的问题。很多学校在体育教学中缺乏专业的教师和教练,导致体育教学水平不高,一些教师对体育知识和技能了解不深,无法有效地引导学生参与体育活动;同时硬件设施不完善,体育设施建设、器材采购和教材编写等方面的投入不足,导致体育条件相对较差,一些特殊运动项目,比如击剑、滑雪等硬件条件无法满足;学校在课程设置中给予体育课程较少的时间和资源,仅满足最低标准,无法满足学生的体育需求。并且体育课程内容单一、严肃、缺乏趣味性,难以吸引学生的兴趣使其积极参与。此外,高考文化课的压力也使得学校更倾向于将资源用于学术教育而非体育领域。因此支持青少年体育俱乐部的发展有助于提高学校的体育教育水平,体育俱乐部可以为学校输送优秀的运动员人才,提高学校的竞技体育的竞争力。同时,体育俱乐部进校园开展的各种活动也可以丰富学校的体育课程内容,提高教学质量。青少年体育俱乐部能够有效解决学校的体育事业短板,与学校形成优势互补,促进学校体育事业发展。

第二节　青少年体育俱乐部治理现状分析

一、青少年体育俱乐部治理现状

近年来,随着国家对青少年体育事业的重视,各类青少年体育俱乐部如雨后春笋般涌现。据统计,截至 2020 年底,全国共有青少年体育俱乐部约 10 万家,其中学校体育俱乐部约 4 万家,社会力量创办的青少年体育俱乐部约 6 万家,如万国体育的击剑项目有超过 2 万的青少年,宏远时代的教练团队已超过千人，与全国 21 个城市 500 多家体育场馆开展合作[1]。国家体育总局资助建设的青少年体育俱乐部超过 6000 家，累计投资近 4 亿元[2]，并且各级地方政府根据地方特色和实际发展需求重点资助了一批青少年体育俱乐部，如河北省 2017 年开始重点资助青少年冰雪俱乐部，每个俱乐部可获得 8 万元的支持资金。这些数据显示出青少年体育俱乐部的数量在快速增长，为青少年提供了更多参与体育活动的机会。当前青少年体育俱乐部的类型多样化，涵盖了田径、游泳、篮球、足球、排球、乒乓球、羽毛球等多个项目，此外还有一些特色体育项目如武术、跆拳道、柔道等。这些丰富的体育项目为青少年提供了更多的选择空间，有利于激发青少年的运动兴趣。随着市场竞争的加剧，青少年体育俱乐部纷纷提高服务质量，以满足青少年和家长的需求。一些大型体育俱乐部引进了国际先进的教练员和管理团队，提高了教练员的专业素质和管理水平；同时，还加大了对设施设备的投入，改善了训练场地和器材条件。一些体育俱乐部还与国内外知名体育机构合作，引进了先进的教学理念和方法，提高了培训质量。随着全民健身运动的推广和家庭对青少年体育的重视程度不断提高，越来越多的家长愿意为孩子报名参加体育俱乐部。据统计，目前全国各类青少年体育俱乐部的会员总数已超过 5000 万人，其中青少年学生会员约占 70%。这一数据显示出青少年体育俱乐部的会员规模在逐年扩大，市场需求旺盛。

二、青少年体育俱乐部的内部治理结构

在青少年时期，体育运动对于个人的身心健康、团队协作能力和综合素质的培养具有重要意义。青少年体育俱乐部在当今社会的地位日益凸显，然而，青少年体育俱乐部的发展也面临着诸多问题，如管理不善、资源

---

①　包长春，杨志，康博舒.我国青少年体育俱乐部多元协同治理研究[J].体育文化导刊,2021(4):35－40.

②　童建红，曾丽芳，潘宏波.广西青少年体育俱乐部发展现状、问题及对策研究[J].体育科技,2018(6):67－68,71.

浪费等。青少年体育俱乐部内部治理结构是内部各种组织要素之间相互关系、相互制约的一种组织结构。它主要包括:(1)组织结构:包括俱乐部的领导层、管理层和执行层等各个层次的组织机构,以及各部门之间的分工与协作关系。青少年体育俱乐部的内部治理结构通常包括理事会、执行委员会和各个专项委员会。理事会是俱乐部的最高决策机构,负责制定俱乐部的发展战略、政策和预算。执行委员会是理事会的常设机构,负责执行理事会的决策和监督各项工作的开展。专项委员会则负责处理特定领域的事务,如教练员培训、赛事组织等。(2)决策流程:指在青少年体育俱乐部内部,通过有效的沟通、协商和决策,实现组织目标的过程。青少年体育俱乐部的内部治理结构应建立健全决策流程,确保各项决策能够高效、公正地实施。决策流程通常包括提出议案、讨论、投票、决策和执行等环节。(3)监督与激励机制:指对青少年体育俱乐部内部的工作进行监督、评价和激励,以确保各项工作的顺利进行。青少年体育俱乐部的内部治理结构需要建立有效的监督机制,确保各项工作按照既定目标和计划进行。监督机制可以包括定期审计、内部检查、外部评估等方式。(4)信息沟通与协调机制:指在青少年体育俱乐部内部,实现信息的快速、准确传递,以及各部门之间的有效协调。青少年体育俱乐部的内部治理结构应注重信息沟通,确保各级管理人员和会员之间能够及时、准确地交流信息。信息沟通可以通过定期召开会议、发布公告、建立内部网站等方式进行。

三、青少年体育俱乐部的外部治理环境

青少年体育俱乐部作为青少年体育教育的重要载体,对于培养青少年体育兴趣、提高运动技能、塑造健康体魄具有重要意义。然而,当前青少年体育俱乐部面临着诸多来自外部治理环境的挑战,如政策支持不足、社会需求与供给矛盾、市场竞争加剧等。因此,深入了解和分析青少年体育俱乐部的外部治理环境,对于促进其健康发展具有重要意义。

(一)政策支持

政府的支持对青少年体育俱乐部的发展具有重要的意义。近年来，国家对青少年体育事业的重视程度不断提高，出台了一系列政策措施，如《全民健身计划(2016—2020年)》《关于加强青少年体育工作的意见》等，明确提出要加强青少年体育俱乐部建设，鼓励社会力量参与青少年体育事业。各地政府也纷纷出台相关政策，支持青少年体育俱乐部的发展。如提供场地、资金、税收等方面的优惠政策，以及通过设立专项资金、购买服务等方式，支持青少年体育俱乐部的建设和发展。

(二)社会环境

社会对青少年体育俱乐部的需求和支持程度也会影响其发展。随着人们生活水平的提高，越来越多的家长和社会人士开始关注青少年体育教育，希望通过参加体育活动，提高孩子的身体素质和综合素质。随着素质教育的推广和家庭观念的转变，家长开始重视孩子的全面发展，但在实际投入上仍存在一定的误区。一些家长认为学习成绩才是衡量孩子成功与否的唯一标准，过分关注孩子的学业成绩而忽视了体育锻炼的重要性。这种观念的转变使得家长在为孩子选择课外活动时，更倾向于选择那些对孩子升学有帮助的课程，而忽略了青少年体育俱乐部的价值。此外，国家对青少年体育竞技水平的提升也提出了更高的要求，这使得社会对青少年体育俱乐部的需求不断增加，但是目前我国青少年体育俱乐部的数量和质量还不能满足社会的需求。一方面，部分青少年体育俱乐部设施落后、管理水平不高，难以满足青少年的体育培训需求；另一方面，专业教练人才短缺，导致部分青少年体育俱乐部无法提供优质的培训服务。

(三)竞争环境

青少年体育俱乐部所处的竞争环境也会影响其发展。例如，同区域内是否有其他类似的体育俱乐部，这些俱乐部的运营状况如何，以及它们提供的服务和价格如何。随着全民健身政策的实施和家长对青少年体育教育的重视，越来越多的企业和社会资本涌入青少年体育市场，使得市场竞争日益激烈。一些大型体育企业纷纷布局青少年体育培训领域,通过品牌效应、技术优势等手段,争夺市场份额,使得竞争加剧。不同地区的青少年体育俱乐部之间也存在竞争。一些地区由于地理位置优越、政策支持力度大等,吸引了大量青少年前来参加体育活动,成为当地的青少年体育俱乐部竞争热点。

(四)市场环境

青少年体育俱乐部的运营还需要考虑市场环境。例如,目标客户群体的数量和消费能力,以及市场的发展趋势等。

综上所述,青少年体育俱乐部在发展过程中面临着诸多外部治理环境的挑战,包括政策支持不足、社会需求与供给矛盾、市场竞争加剧等。为了促进青少年体育俱乐部的健康发展,有关部门应加大对其的政策支持力度,优化资源配置,提高服务质量,同时引导社会力量积极参与,共同推动青少年体育事业的发展。

第三节　青少年体育俱乐部治理路径

一、完善青少年体育俱乐部内部治理机制

(一)明确俱乐部目标定位,健全组织结构

青少年体育俱乐部需要明确自身的目标和定位,包括确定服务对象(如年龄、性别、技能水平等)、服务内容(如训练项目、比赛活动等)以及服务方式(如线上服务、线下服务等)。明确的目标和定位有助于俱乐部制定合理的发展策略,同时也能为内部的治理提供方向。首先,要明确俱乐部的组织结构,包括领导层、管理层和执行层。每个层级的职责和权限应明确界定,确保各个部门之间的协作顺畅。其次,要设立专门的监督和评估部门,对俱乐部的各项工作进行定期检查和评估。

(二)制定详细的规章制度和法律法规

青少年体育俱乐部需要制定详细的规章制度。这些制度应涵盖俱乐

部的所有活动,包括会员管理、财务管理、教练管理、比赛组织等。规章制度应明确各项活动的流程和要求,以确保俱乐部的运行顺畅。还应包含对违规行为的处罚措施,以保证俱乐部的公正公平。

从当前我国青少年体育俱乐部发展的现状来看,多数俱乐部还不能独立承担起政府公共体育服务职能,应尽快明确其法律地位。同时,也要考虑到部分体育俱乐部已经具备了依法成立、进行民办非企业单位登记的条件,应该按照"成熟一批、发展一批"的原则,逐步将符合条件的体育俱乐部纳入民办非企业单位登记范围,进一步健全和规范体育俱乐部的发展体制。结合我国实际情况,制定一系列针对青少年体育俱乐部的政策法规,为其发展提供法治保障,并加大政策法规执行力度。政府部门应加强对青少年体育俱乐部政策法规的宣传和培训,确保政策措施落地生根。

(三)建立多元化的资金来源渠道

青少年体育俱乐部需要建立多元化的资金来源渠道,包括赞助商投资、政府补贴等,以保证其正常运营。

1.加大政府投入力度

政府部门应充分认识到青少年体育事业的重要性,加大对青少年体育事业的财政支持力度,优先保障体育场馆、器材等基础设施建设的资金需求。同时,完善对青少年体育俱乐部的扶持政策,为俱乐部提供更多的政策支持和优惠措施,降低俱乐部的运营成本。

2.拓宽社会资金融资渠道

加大对青少年体育事业的宣传和推广力度,提高社会各界对青少年体育事业的关注,增加青少年体育竞赛的曝光度,并鼓励更多的企业和个人积极参与到青少年体育事业的发展中来。同时,建立健全捐赠机制,鼓励企业和个人以长期合作的方式参与青少年体育俱乐部的建设和发展,确保捐赠资金的可持续性和稳定性。

3.提高俱乐部自身经营能力

加强青少年体育俱乐部的管理队伍建设,提高管理人员的业务水平和管理能力,加大对教练员队伍的培养和引进力度,提高教练员的专业素质和教学水平。此外,俱乐部还应加强与学校、社区等其他社会组织的合作,拓展业务范围,提高自身的经营效益。青少年体育俱乐部需要提升服务质量,包括提供高质量的训练服务,以满足会员的需求;提供优质的比赛平台,以激发会员的运动热情;提供良好的环境设施,以提高会员的满意度,并定期收集会员的反馈意见,以便及时改进服务。青少年体育俱乐部还要积极与家长和社会进行沟通与合作,让家长了解俱乐部的工作情况,增强家长对俱乐部的信任。同时,要积极争取社会资源,为俱乐部的发展提供更多的支持。

二、优化外部治理环境

(一)建立监管体系

政府应设立专门负责青少年体育俱乐部监管的部门,加强对其业务的指导和监督。(1)创新监管手段。政府应运用现代科技手段,加强对青少年体育俱乐部的日常监管,提高监管效率和效果。(2)明确监管责任。政府应明确相关部门在青少年体育俱乐部监管中的职责和义务,确保监管责任落实到位。

(二)加强政策支持

鼓励青少年体育俱乐部发展,建立衔接有序的社会体育俱乐部竞赛、训练和培训体系,落实相关税收政策,在场地等方面提供政策支持。教育部、体育总局共同制定社会体育俱乐部进入校园的准入标准,并由学校自主选择合作俱乐部。同时要加强事中、事后监管,改善营商环境,激发市场活力,避免因联合认定俱乐部而可能出现变相行政审批的现象。支持社会体育组织为学校体育活动提供指导,普及体育运动技能。有条件的地方可以通过政府向社会体育组织购买服务的方式,为缺少体育师资的中小学校提供体育教学和教练服务。

(三)加强人才培养和管理

青少年体育俱乐部需要加强人才的培养和管理。这包括对教练员的专业技能和能力提升;对运动员的个性化培养和发展;对行政人员的能力和素质提升。同时,俱乐部还应建立有效的激励机制,以吸引和留住优秀人才。为了提高青少年体育俱乐部的整体水平,需要建立科学的选拔和培训体系。要注重公平、公正、公开的原则,确保选拔出真正有潜力的运动员。培训方面要结合运动员的年龄、特长和职业发展规划,制定针对性的培训计划,提高俱乐部教练员和运动员的执教水平、运动技能水平和综合能力。青少年体育俱乐部要注重企业文化的建设,树立正确的核心价值观,营造积极向上的训练氛围。通过举办各类活动,增强运动员的归属感和荣誉感,提高俱乐部的凝聚力。

三、创新青少年体育俱乐部治理模式

青少年体育俱乐部应从治理机制、治理结构、治理内容、治理方式以及组织内部治理能力等方面加以创新和完善,形成"共建共治""共建善治"的"大体育"治理系统。

(一)以信息化手段提升治理效率

青少年体育俱乐部不同于其他社会体育组织以及学校等机构,它的受众范围更广,对体育的需求更高,只有不断完善治理手段,提升服务效率才能保持足够的市场竞争力。可以利用现代多媒体技术和信息化手段,实现对青少年体育俱乐部各项管理工作的自动化处理,提高治理效率。通过信息化手段,可以实现对大量数据的精确处理和分析,提高了决策的准确性;可以实时获取和更新信息,使得管理者及时了解和掌握情况。信息化管理可以应用在以下四个方面。

1.会员管理

通过信息化手段,可以实现对青少年体育俱乐部会员的信息管理,包括会员的注册、信息更新、权益保护等。通过建立会员信息系统,实现对会员信息的集中管理和查询,提高会员管理的效率和准确性。

2.训练管理

通过信息化手段,可以实现对青少年体育俱乐部的训练管理,包括训练计划的制订、训练过程的监控、训练效果的评价等。通过建立训练信息系统,实现对训练计划和训练过程的数字化管理,提高训练管理的科学性和有效性。

3. 比赛管理

通过信息化手段,可以实现对青少年体育俱乐部的比赛管理,包括比赛报名、比赛安排、个人比赛成绩的记录和发布等。通过建立比赛信息系统,实现对比赛信息的集中管理和查询,提高比赛管理的效率和准确性。

4. 资源管理

通过信息化手段,可以实现对青少年体育俱乐部的资源管理,包括场地设施的管理、器材设备的管理、资金的管理等。通过建立资源信息系统,实现对资源信息的共治共享、集中管理和调查,提高资源管理的准确性、资源利用的高效性。

(二)建立多元化合作治理机制

为了更好地满足青少年体育需求,提高青少年体育俱乐部的现代化治理水平,要在组织结构、管理模式、参与主体、评价体系等方面构建多元化的治理机制。

1. 组织结构多元化

政府在青少年体育俱乐部的治理中起到引导、监管和提供支持的作用,而市场则在资源配置、提供服务等方面发挥作用。政府应当制定相应的政策和法规,为青少年体育俱乐部的发展提供良好的外部环境,政府还应当加大对青少年体育俱乐部的投入,支持其基础设施建设、人才培养等方面的工作。市场则通过竞争、淘汰机制,引发青少年体育俱乐部的竞争意识,激发危机感,促使俱乐部不断提高自身的服务水平和管理水平。青少年体育俱乐部的治理不仅需要政府的参与,还需要社会组织的支持。社会组织可以通过提供人、财、物等方面的支持,帮助青少年体育俱乐部解决发展中遇到的各种问题,同时社会组织还可以发挥监督、评估等作用,推动青少年体育俱乐部不断完善自身的治理机制。

2. 管理模式多元化

青少年体育俱乐部的内部管理应当注重制度建设、人才培养、服务质量等方面的提升,青少年体育俱乐部还应当积极寻求与其他组织的合作,如学校、社区、企业等,共同开展体育活动,提高资源的利用效率。青少年体育俱乐部在自主经营的同时,应当接受政府和社会的监管,确保其依法经营。政府可以通过制定俱乐部发展的规章制度,规范青少年体育俱乐部的经营行为,并加强对青少年体育俱乐部的指导和支持,帮助其解决实际问题,提高管理水平。

3. 参与主体多元化

家长和学生是青少年体育俱乐部的主要参与者,他们在俱乐部的活动中发挥着重要作用。家长应当关注孩子的体育锻炼需求,支持孩子参加体育俱乐部的活动。学生则应当积极参与,提高自身的运动技能和竞技水平。教练员是青少年体育俱乐部的核心资产,他们在教学、训练、竞赛等方面发挥着关键作用,教练员应当具备专业的知识和技能,关注学生的个体差异,做到因材施教。此外,教练员除了注重青少年运动技能培训之外还应当关注青少年的心理健康,引导青少年树立正确的世界观、人生观和价值观。

4. 评价体系多元化

青少年体育俱乐部的评价包括内部评价和外部评价两个方面。内部评价主要关注俱乐部的内部管理和服务质量,通过教练员、学生、家长等参与者的满意度调查,了解俱乐部的优点和不足;外部评价则主要关注俱乐部的社会影响力和公众认可度,通过对外部专家、媒体等的评价,了解俱乐部的整体表现。青少年体育俱乐部的评价应当既关注过程,又关注结果。过程评价主要关注俱乐部在教学、训练、竞赛等方面的具体实施情况,通过对各个环节的评价,掌握俱乐部的实际运行状况;结果评价则主要关注俱乐部在各项比赛中的表现,通过对成绩的分析,了解俱乐部的整体实力。

参考文献

[1]敖翔.体教融合背景下CUBA联赛向职业篮球联赛球员输送的现状及路径研究[D].四川师范大学,2022.

[2]包长春,杨志,康博舒.我国青少年体育俱乐部多元协同治理研究[J].体育文化导刊,2021(4):35—40.

[3]鲍明晓.构建举国体制与市场机制相结合新机制[J].体育科学,2018(10):3—11.

[4]陈洪.英国社区体育俱乐部标准化认证研究[J].体育科学,2015(12):28—33.

[5]陈松.我国高校高水平运动队演进阶段划分与发展趋势分析[J].体育文化导刊,2018(1):111—115.

[6]冯春辉,柴国荣.多层次治理视域下我国体教融合发展困境及完善对策[J].体育文化导刊,2022(1):98—103.

[7]郭晓培,钟秉枢.我国高校高水平运动队发展探析[J].体育文化导刊,2022(3):58—64.

[8]何强,熊晓正.我国高校高水平运动队培养模式的回顾与反思[J].河北体育学院学报,2011(1):53—57.

[9]何翔舟,金潇.公共治理理论的发展及其中国定位[J].学术月刊,2014(8):125—134.

[10]胡小明.从"体教结合"到"分享运动"——探索竞技运动后备人才培养的新路径[J].体育科学,2011(6):5—9.

[11]胡雅静.新时代我国青少年体育培训机构能力建设研究[D].武汉体育学院,2020.

[12]黄琳,吴希林.中德两国体校比较与启示[J].体育与科学,2013(2):

51—56.

[13]贾志强,董国民,贾必成.体教融合背景下我国竞技篮球后备人才培养新格局与发展路径,2022(3):65—71.

[14]江小涓.体育消费发展趋势与政策导向[M].北京:中信出版社,2020.

[15]蒋红文.学校体育竞赛活动育人价值及实现路径探究[J].青少年体育,2020(01):35—36.

[16]李华胤.共同缔造:社会治理共同体的实践表达[J].治理现代化研究,2023(3):69—78.

[17]李加前,刘冬磊,王子朴.基于"善治"理论视角下的我国青少年体育治理研究[J].山东体育学院学报,2021(4):95—101.

[18]李丽,吕万刚.青少年体育赛事协同治理的国际经验与启示[J].武汉体育学院学报,2023(2):35—43.

[19]李牟,蓝晓慧,孙广哲,等.中医药及壮医药防治青少年近视的研究进展[J].大众科技,2023(1):131—134.

[20]李媛媛.北京市200所国家级青少年体育俱乐部发展现状研究[J]成都体育学院学报,2018(3):121—126.

[21]李志明."国家—社会"关系视角下社会治理共同体建设研究[J].人民论坛,2023(10):95—102.

[22]刘鼎泰.新时代我国学校体育治理的经验审视与创新路径研究[D].阜阳师范大学,2022.

[23]刘海元.当前加强普通高等学校高水平运动队建设的若干问题探讨[J].首都体育学院学报,2018(5):422—427,449.

[24]刘昕,杨雅晰,江娟.体育纳入高考的现实审思与推进路径[J].北京体育大学学报,2021(9):56—66.

[25]柳鸣毅,但艳芳,张毅恒.中国体育运动学校嬗变历史、现实问题与治理策略[J].体育学研究,2020(3):64—77.

[26]柳鸣毅,龚海培,胡雅静,等.体教融合:时代使命·国际镜鉴·中国

方案[J].武汉体育学院学报,2020(10):5—14.

[27]柳鸣毅.国家体育治理体系和治理能力现代化的思考[J].国家治理,2016(5):77—82.

[28]柳鸣毅.我国青少年体育赛事体系研究——理念嬗变、路径探析、青奥启示[M].北京:北京体育大学出版社,2015.

[29]毛振明,李捷.响应全国教育大会号召,让学生在体育锻炼中享受运动乐趣[J].北京体育大学学报,2019(1):23—29.

[30]毛振明,夏青,钱娅艳.论体教融合的问题缘起与目标指向[J].体育学研究,2020(5):7—12.

[31]彭国强,舒盛芳.美国大众体育制度治理的特征及启示[J].西安体育学院学报,2020(1):1—9.

[32]彭国强,杨国庆."十四五"时期中国竞技体育的发展战略与创新路径[J].首都体育学院学报,2021(3):257—267.

[33]彭国强.国家生命周期视角下美国竞技体育强国的成长历程、特征及启示[J].体育科研,2022(2):13—22.

[34]齐鸣,方千华,王涛.体教融合背景下我国退役运动员转型体育教师困境与纾解[J].体育文化导刊,2022(7):92—97.

[35]任海.中国体育治理逻辑的转型与创新[J].体育科学,2020(7):3—13.

[36]尚力沛.新时代体教融合的时代意涵、实践要求与推进策略[J]体育文化导刊,2021(11):32—37.

[37]沈建华,卢伯春,等.体育课程作为学校健康教育主要载体的思考[J].上海体育学院学报,2011(4):74.

[38]史衍.普通高校高水平运动队建设评估的偏差与优化[M].北京:北京体育大学出版社,2015.

[39]孙成林,王健.我国学校体育场地建设效率研究[J].武汉体育学院学报2020(2):44—52.

[40]孙英健.浅谈对PPP模式的认识[J].内蒙古科技与经济,2015(14):27.

[41]谭荣东.青少年体育赛事体系建设研究[J].青少年体育,2018(12):7-8.

[42]童建红,曾丽芳,潘宏波.广西青少年体育俱乐部发展现状、问题及对策研究[J].体育科技,2018(6):67-68,71.

[43]王登峰.体教融合的历史背景与现实意义[J].体育科学,2020(10):3-7.

[44]王峰,郑国华.我国"体教融合"研究的主题、热点与进路展望[J].天津体育学院学报,2022(1):44-50.

[45]王凯珍,刘海元,刘平江,等.我国普通高等学校高水平运动队建设现状及发展对策[J].首都体育学院学报,2011(2):126-132.

[46]王琪,李经展,夏冉.中国式现代化赋予学校体育高质量治理的新价值、新理念及新路径[J].北京体育大学学报,2023(1):67-78.

[47]文军.迈向市域社会治理共同体的新时代[J].上海城市管理,2020(1):2-3.

[48]吴建喜.论体教结合体制性障碍及突破[J].体育文化导刊,2013(10):87-90.

[49]夏霄燕."以赛育人"理念下的北京朝阳区实验小学课余体育竞赛体系设计及实施方案研究[D].首都体育学院,2023.

[50]徐上斐,胡海建,王强.新时代学校体育治理现代化的应然特征、现实困境与路径选择[J].沈阳体育学院学报,2022(5):42-47.

[51]徐顽强.社会治理共同体的系统审视与构建路径[J].求索,2020(1):161-170.

[52]阳艺武,伍艺昭.体教融合背景下青少年体育后备人才培养的现实审视与战略取向[J].武汉体育学院学报,2021(1):80-86.

[53]杨国庆.体教融合背景下我国高校高水平运动队建设:历史考察、经验凝练与优化策略[J].北京体育大学学报,2022(7):33-46.

[54]杨国庆.我国竞技体育后备人才多元化培育模式与优化策略[J].上海体育学院学报,2017(6):17-22.

[55]杨国庆.中国体教融合推进的现实困境与应对策略[J].成都体育学院学报,2021(1):1-6.

[56]杨华锋.协同治理[M].北京:经济科学出版社,2017.

[57]杨纪锴,李实,陈洪鑫.我国青少年体育治理共同体:框架、困境与对策[J].广州体育学院学报,2022(6):64—74.

[58]杨三军,刘波.冰雪运动进校园与体教融合的内在关联和经验借鉴研究[J].北京体育大学学报,2021(3):105—113.

[59]杨帅琦,杜放.我国学校竞技体育后备人才多元化培养模式的实践探索[J].湖北体育科技,2020(7):648—651.

[60]杨云霞,何春刚."一般混合型"体教结合模式中的问题与对策研究[J].科技创新导报,2015(14):117,119.

[61]姚荣.高等教育治理范式演进的理想类型及其互动关系考察:基于公共领域中国家角色的分析[J].高等教育研究,2018(3):13—23.

[62]翟丰.我国竞技体育与学校体育融合发展研究[M].徐州:中国矿业大学出版社,2021.

[63]张庆.新时代社会治理共同体的理论发展与实践创新研究[D].河南农业大学,2022.

[64]张胜军.全球深度治理的目标与前景[J].世界经济与政治,2013(4):55—75.

[65]张文鹏.德国学校体育改革的政策研究[J].体育成人教育学刊,2016(6):32—34.

[66]钟秉枢,何俊,郝晓岑.基于"补短板"视野下的新时代中国体育强国发展道路探索[J].首都体育学院学院,2018(1):4—9.

[67]钟秉枢.体教融合背景下青少年体育赛事体系完善的路径研究[J].体育学研究,2020(5):13—20.